Que nous dit la publicité automobile ?

Issu du mémoire de fin d'études « Publicité automobile et société » présenté et déposé par l'auteur en janvier 2014.

Sophie Chartoire

Publicité automobile
et société

Édition : BoD - Books on Demand

12/14 rond-point des Champs Elysées

75008 Paris

Imprimé par BoD – Books on Demand, Norderstedt

ISBN : 9782322011988

Dépôt légal : décembre 2014

Merci à Emmanuel Bobot qui m'a fait découvrir le marketing automobile.

Pourquoi la publicité automobile ?

L'automobile a toujours été un objet de fascination qui favorise l'imagination de ceux qui la regardent. Elle est synonyme de prestige et de richesse à ses débuts, puis par sa démocratisation elle deviendra également un marqueur de liberté. Elle est l'un des plus forts symboles de l'évolution de la société. Son canal de communication le plus démonstratif est la télévision, dont elle est d'ailleurs le troisième acteur après l'alimentation et l'hygiène-beauté en 2011.

La publicité a connu une croissance fulgurante avec le développement de la société de consommation, développement qu'elle a favorisé par son intervention, tel un cercle vicieux ou vertueux selon les opinions, le constat est que plus il y a de produits sur un marché plus chacun d'entre eux doit augmenter sa visibilité pour exister, cela par la publicité qui encourage la consommation de ce produit dont le concurrent va devoir à son tour se rendre plus attractif et se faire connaître donc utiliser la publicité, etc. Pour être crédible et se faire comprendre du plus grand nombre, la publicité va s'attacher à être au plus près du consommateur et finalement à refléter la société.

La pub télé est un véritable terrain de jeu pour les publicitaires, récente à l'échelle de l'humanité, elle est pourtant extrêmement puissante, évolutive, et intransigeante. Certains produits offrent une largeur de périmètre chère aux créatifs, l'automobile, comme les parfums, en est un exemple indéniable.

Si la publicité représente la société, et que l'automobile est par essence l'un des plus forts symboles de l'évolution de la société à travers le temps et encore aujourd'hui, sujette aux rêves et objet fétiche des publicitaires, alors la publicité automobile doit-elle nécessairement refléter la société ?

Société de consommation et publicité : une marche commune

Équipement et éducation

À la sortie de la guerre, la France est à reconstruire. Les produits manquent et les conditions de vie de la majorité de la population restent précaires. Reconstruction de l'industrie, des logements, les entreprises tournent à plein régime, la SNCF est la fierté des transports. Des pans entiers de l'économie sont nationalisés et la croissance est forte. De grandes améliorations des conditions de vie vont se développer. Le logement et l'hygiène sont au cœur de la politique de l'État, il faut éduquer la population, le shampooing Dop, la lessive Omo, apparaissent. Le plein emploi apporte à chacun rapidement le moyen de subvenir à ses besoins de base (alimentaire) mais plus seulement, il reste de l'argent, les banques d'épargne vont alors concocter de véritables campagnes de recrutement de clients, il faut changer les habitudes et les économies doivent être dans les banques. Surtout les gens peuvent acheter des produits de confort, c'est la croissance du « plus », puis du superflu avec l'abondance de l'offre, et peuvent avoir des loisirs, avec les deux semaines de congés payés, et les salaires, les premières vacances estivales pour tous voient le jour, et très rapidement les agences de voyages. Les services vont devenir une arme commerciale redoutable.

C'est aussi la diversification de la presse, informer et éduquer sur les actualités, sur la politique, étaient les maîtres-mots, le sport s'était fait sa place en parallèle. Paris Match, né en 1949, va rénover la presse en créant un dérivé du Life américain en s'axant sur les photos « le poids des mots, le choc des photos » en s'intéressant aussi aux évolutions de société.

La privation, la restriction sont abandonnées après des années de manque, la confiance retrouvée touche tous les secteurs et la course à cette dernière deviendra un mode de vie. Mais face à cette diversité de produits inconnus, il faut véritablement former la population à leurs utilisations. Les publicités de ces années s'en chargent. La télévision se démocratise mais le taux d'équipement reste faible, il y a de nombreux autres besoins à combler avant, et son coût reste important. De plus pour justement être en mesure de profiter de l'abondance, les investissements se portent sur le logement et l'achat d'une automobile. Les modèles grands publics, citadins et plus petits permettent cet équipement, ce sont eux que les constructeurs promouvront en premier lieu. C'est le besoin d'équipement.

En 1954, Renault propose un spot consacré à la 4 CV intitulé « *La Bonne solution* ». Si les prospects ont le choix, il faut leur expliquer pourquoi cette solution est celle qui leur convient. Dans un rôle éducatif affiché, des adultes, des couples, sont les élèves d'une salle de classe. Un problème, typé mathématiques, leur est posé : « *Quatre personnes confortablement installées, avec leurs bagages, disposent de 6 litres d'essence* », imagé par quatre personnes installées dans des fauteuils avec un parasol pour le toit, sur un circuit de voitures, « *pour parcourir 100 kilomètres à 70 km/h de moyenne. Quelle voiture doivent-elles choisir ?* » une 4 CV tombe du ciel, « *accélération surprenante, grande maniabilité en ville* », démarrage de la voiture dans la circulation parisienne, « *tenue de route impeccable* » sur une route de campagne, « *freinage instantané, brillante en montagne […] la 4 CV 54 vous offre en outre plus de place* » un couple est présenté confortablement assis à l'arrière, en train de discuter, « *un chauffage efficace* », Madame retire son foulard, « *un coffre à bagage très logeable* » et touche d'humour particulière du constructeur qui pour justifier cet argument présentera un couple sortant son enfant en bas âge de ce coffre. Ce bébé c'est celui du baby-boom, génération porteuse de renouveau et de prospérité, et d'une éducation différente, davantage axée sur le bonheur de l'enfant, son épanouissement, une éducation qui va se libérer et se détendre. « *Et voilà ce qu'il fallait démontrer* » clôture le spot en affichant le logo de la marque. Ce spot marque bien le raisonnement classique de : problématique, raisonnement justifié, solution.

Dès l'année suivante Renault produit une nouvelle création toujours pour sa 4 CV. Elle est présentée cette fois par une femme qui décrit et vante ses qualités. S'adressant directement au téléspectateur « *Bonjour, voulez-vous venir avec moi ? Je vais vous présenter une petite merveille, la 4 CV Renault* ». La gestuelle utilisée est la même que pour tous les autres types de produits, y compris les articles ménagers, jambes alignées, bras à angle droit et paume ouverte vers le haut. En ouvrant la portière arrière « *Voulez-vous monter ?* » c'est une vraie caméra embarquée, « *Confortablement installé ? Alors allons-y !* », en prenant la route. « *c'est la voiture maniable, facile à dégager, la voiture idéale pour la ville* » vue de l'extérieur, « *regarder comme elle est facile à garer […] au volant d'une 4 CV on est tout de suite à son aise, il n'y a pas au monde de voiture plus féminine, plus facile à conduire, c'est aussi la voiture de l'homme d'affaires qui n'a pas de temps à perdre. Quel démarrage ! Quelle accélération ! Quelle sécurité !* » en freinant à temps pour laisser passer une famille d'oies sur une route de campagne. « *Elle grimpe remarquablement* » image d'une route de montagne ayant un panneau « *col de Luens 1 054 m, et ne chauffe pas en montagne* » venant rassurer quant aux difficultés rencontrées habituellement avec les voitures,

« *je vous passe le volant* » invitant le téléspectateur à prendre place derrière le volant « *alors bonne route, je suis sûre que la 4 CV vous étonnera, et seulement 6 litres aux 100 km* » malgré le contexte favorable et le faible coût de l'énergie, les mentalités restent marquées par la guerre et la restriction, il ne faut pas oublier que les tickets de rationnement alimentaire n'ont cessé qu'en 1948. Ce spot est construit autour de deux points forts, l'argumentation et le listing des attributs de la voiture vantant ses mérites, et l'expérience du consommateur en créant un échange avec lui au travers de la télévision. Elle lui fait vivre l'essai de la voiture en embarquant la caméra et en mettant en scène des environnements, des trajets coutumiers. Les autoroutes ne sont pas encore développées et la France, en pleine migration urbaine, conserve des ancrages dans la campagne avec la famille, et ces routes sont aussi synonymes des trajets des vacances.

L'argument de la féminité de la voiture est porteur de l'émancipation en cours de la femme et de l'évolution de sa place dans la société, de son besoin renforcé de la voiture par l'indépendance qu'elle gagne avec le travail et la vie citadine.

Autre spot marquant, celui de la Renault Domaine, voiture familiale, définie comme « *la voiture à Papa* ». L'homme reste le chef de famille et quand elle est au complet c'est lui qui conduit, c'est aussi lui qui possède la plus grosse voiture, signe de sa place dans la famille et de virilité. Cette pub est très fraîche et légère. Il s'agit d'un départ en vacances d'une famille avec les grands-parents. Beaucoup de monde finalement et beaucoup de bagages, un vrai casse-tête pour faire rentrer l'ensemble dans une seule voiture. Plusieurs essais et de grandes discussions vont animer la vidéo pendant une minute. Première tentative on en arrive à enlever la banquette arrière en proposant de s'assoir sur les valises. Une fois les bagages installés, la voiture est pleine, plus de place pour les passagers, « *sensationnel, il n'y a plus qu'à enlever tous les bagages et se mettre à leurs places.* ». Deuxième tentative : tout le monde est dans la voiture, mais il n'y a plus de place pour les bagages qui restent sur le bas-côté. Une discussion s'engage entre les parents « *c'est bien plus simple, on part sans les bagages, non ou alors on met tous les bagages dans la voiture et nous on part à pied, mais alors il n'y a pas de solution ! ?* ». C'est l'enfant qui arrivant en courant donnera la solution, preuve de la place de l'enfant dans la famille, « *si, il y en a une, c'est la Domaine Renault* », qui est bien garée de l'autre côté de la cour. Toute la famille se précipite à l'intérieur, les bagages eux trouvent leurs places tous seuls dans le coffre. « *La Domaine donne le ton aux joies des vacances* ». Bien synonyme de loisirs et de liberté de profiter de la vie, des vacances, de sa famille, ce sont les prémices des futurs monospaces « *6 places et tous les bagages* ». On remarquera que le nom du modèle est donné avant celui de la marque (Domaine Renault), l'essentiel c'est le produit avant la marque, ce qui caractérise une période d'équipement.

Les trois pans sont présents « *faire connaître, faire aimer, faire agir* » ; « *faire connaître* » il faut répéter encore et encore le nom du produit et de la marque, un minimum de trois fois deviendra un code, « *faire aimer* » par la praticité et l'utilité, et « *faire agir* » par la démonstration de la logique de ce choix.

Il est à noter que pendant ce temps, en 1959, Volkswagen va révolutionner la publicité automobile aux États-Unis, avec sa campagne « *Think Small* » pour sa Coccinelle. Mythique, cette pub cache néanmoins le premier véritable discours de marque et cohérence du discours, et de l'image, qui posent ce constructeur comme innovant sur pourtant un produit qui existait déjà, communiquant sur un canal qui existait également, rien de neuf et pourtant détonant dans le paysage des publicités. Une affiche épurée, blanc tournant, slogan ultra-court pour une petite voiture créée par un constructeur petit ne cherchant pas à faire croire qu'il est aussi gros que General Motors mais qui s'assume complètement. Cette campagne donnera le ton de Volkswagen dont la marque ne démordra jamais et elle placera les géants de l'automobile et des publicitaires dorénavant comme des suiveurs.

Naissance du consommateur

Les années 1960 correspondent à la fin de la ruralité majoritaire et semblant immuable, les populations vont se tourner vers les villes. C'est le temps de l'abondance. Entre les enfants du baby-boom qui grandissent, la consommation qui se développe, la croissance nationale, et la démocratisation des automobiles familiales, les Français découvrent le temps des loisirs et du superflu. Il faut montrer que l'on vit bien mais discrètement, dans la mode c'est l'idée du bikini « *dont l'économie de tissu montre ce que l'on veut cacher* ».

La télévision s'est définitivement installée dans les foyers. La Radiotélévision Française (RTF), seule chaîne au début, qui développera France Télévision par la suite, doit informer, cultiver et distraire. En parallèle l'automobile se développe considérablement et reste l'un des principaux marqueurs sociaux affichant la réussite, malgré tout accessible, deux ouvriers sur trois deviendront propriétaires de leurs voitures. Le parc automobile français doublera le temps de cette décennie. Le premier hypermarché français ouvre ses portes. Les années 1960 verront le boom de ces lieux sacrés de consommation, atteignant rapidement le millier d'hypermarchés, pour une société recensant 50 millions d'individus, 50 millions de consommateurs. Le bonheur se trouve désormais dans le moderne.

La société voit apparaître une nouvelle classe sociale, celle des adolescents qui vivent selon leurs propres codes et profitent sans complexe de la richesse produite, elle est consommatrice avant d'être productive, consommatrice de musique principalement, par les concerts, les 33 tours et les instruments, la guitare électrique en tête, devant être tendance, rock, elle crée un style de vie, avec un langage propre, des codes issus de l'admiration des vedettes, idoles « copains », qui débouchera sur une volonté de ne pas grandir, rejetant l'âge adulte. L'idéologie religieuse des générations précédentes est quant à elle délaissée. « *Désormais on a une société dans laquelle le style et le design sont dictés par les jeunes eux-mêmes, dont le symbole dans la mode féminine est la mini-jupe. La mini-jupe, elle symbolise la jeunesse, la liberté, et aussi une rébellion par rapport aux parents* » Pascal Montfort. Tout aussi symbolique que la mini-jupe, les Beatles vont transformer cette décennie, qui sera renommée mondialement les sixties, profondément anglaise.

Renault joue en plein dans cette rébellion pour la publicité « *D'accord* » de la Renault 8 de 1963. Le spot est démonstratif, dans les besoins de l'époque, mais surtout il est dynamique, ce qui est en plein reflet de la mouvance de changement radical, particulièrement des mentalités des générations précédentes pour les jeunes mais aussi de l'évolution de celles qui préjugent négativement ces jeunes, le moderne a ici raison face aux préjugés.

En 1965, cette liberté a de la vitesse, la Renault R6 et son moteur puissant mis en lumière dans ce spot. En mettant en scène le contact entre les employés de plusieurs stations-services d'une autoroute « *eh regarde tu vas voir une R6 à 135 à l'heure ! Non je ne te crois pas* », le dernier prévenu leur répond « *mais oui elle est déjà là !* ». Cette pub est finalement novatrice pour l'époque, à cette période on listait souvent les qualités, les attributs de la voiture.

Dans la continuité, en 1969, nouvelle campagne de la R6. Utilisant des acteurs à la mode, Piéplu et Prévost sont chez le coiffeur, salon animé par une discussion houleuse entre les deux hommes sur leurs voitures et leurs conduites, l'une très familiale, confort, économie et sécurité, et l'autre sportive, énergique et passionnée malgré la famille. Sortant du salon « *Je ne sais pas quelle est votre voiture mais elle ne peut pas être mieux que la mienne !* ». Les deux biens sûrs ont une R6. Le discours malgré tout descriptif et énumérateur, le rôle joué en cohérence avec le type de conduite, la personnalité, Renault convient à tous sur un marché où les cibles se distinguent.

La Deu-Deuch, succès fulgurant et modèle mythique des années 1950 et 1960, auto de l'indépendance avec la Renault 4L. Les sœurs ennemies se partageront les citadins, les femmes et les jeunes après leurs Vespas. Le spot réalisé en 1968 pour vanter la praticité de la 2 CV est pour le moins simpliste et finalement tellement cohérent avec cette voiture très simple. Longue, 1 minute et 48 secondes, la pub montre différentes roues de Deu-Deuch dans tous les styles d'environnement, dans le sable, la boue, la terre, mais jamais sur la route, des roues qui ne s'arrêtent jamais de tourner « *sans route, sans risque, sans fatigue, dans la boue, dans le sable, dans l'eau, à travers gué, à travers champs, elle passe partout, elle vous conduit partout la 2 CV Citroën.* ». Son air musical tente d'égayer le spot, mais sans grande efficacité. Le discours purement descriptif de sa polyvalence détonne légèrement avec le contexte et les mentalités de l'époque, plutôt animés. Finalement c'est le passe-partout de la Deu-Deuch qui égaye, un passe-partout synonyme de liberté. Les constructeurs ne vendent plus des voitures mais une sensation, la vitesse, et une illusion, l'évasion. Les autoroutes redessinent le paysage français.

Évasion mise en avant dans la publicité de la Renault 16 TS de 1966 retranscrivant les mouvances rapides de cette époque. Sur l'autoroute, la nuit pour l'intrigue, et prouver l'efficacité de la lumière intérieure et de l'éclairage des phares, avec des bruitages typés vaisseau spatial, elle se contente de décrire les nouveaux équipements de la voiture, dont la ceinture de sécurité, encore non obligatoire. Sans aperçu de conducteur identifiable, la voiture est un outil de liberté, pour rouler n'importe quand, dans les meilleures conditions.

Les années 60 sont synonymes de célébration et de démocratisation du design. C'est le domaine artistique qui va chambouler véritablement ces années, l'automobile usera de tous les courants pour étudier de nouvelles lignes, de nouveaux matériaux, l'heure est à l'expérimental. Dans l'épanouissement de la consommation, les Français vont développer une culture de l'esthétique, avant réservée à des moyens supérieurs. Stephen Bayley [1]: « *Plus frappant que l'évolution de la mode ou de la musique, c'est l'évolution du design : des objets jusqu'alors rares, chers et réservés aux privilégiés, devenaient soudain, pour beaucoup, accessibles aux masses. Habitat incarne ce phénomène.* » « *La machine à écrire Valentine, conçue par Solisass en Italie, pour Olivetti, elle était rouge, en plastique et portative. "Une machine à écrire à emmener en discothèque" Solisass, c'était une manière de banaliser le travail.* ». Ces élans créatifs alimenteront le rejet des barrières morales et sociétales des générations précédentes.

Suite aux révolutions sociales de 1968, une illusion collective est restée dans les esprits des Français, « *rien ne sera plus comme avant* » particulièrement chez les jeunes, enfants du baby-boom qui avoisinent la vingtaine. Ils sont plus éduqués, exigeants et comprennent que la société n'a pas anticipé cette arrivée massive de cette tranche d'âge, c'est donc à eux de créer le monde qu'ils veulent, du moins dans l'esprit, pour cela une seule option, tout renverser. Non pas dans les partis politiques traditionnels mais par la création de groupuscules extrémistes, à gauche comme à droite. Cette génération est engagée dans la politique et elle s'approprie des événements internationaux, comme la guerre du Viêtnam. Georges Pompidou est au pouvoir, et le Général de Gaulle décède. Malgré un lien fort entre les deux hommes, Pompidou se voulait très moderne et engager la France en ce sens, ce qui correspondait aux attentes de cette nouvelle génération massive. Les mouvements sociaux et politiques sont plutôt agressifs du fait des groupuscules violents pensant qu'une approche de conflit civil est le seul moyen de faire bouger le gouvernement. Les événements des J.O. de Munich en 1972 vont remettre cette pensée en cause et elle implosera. Il va de soi que la volonté de changement

---

1 Stephen Bayley, *designer et auteur, « Five decades of design », Renault TV.*

reste intacte mais elle va créer d'autres moyens d'actions, avec entre autre la création du journal Libération. Ainsi l'un des vecteurs de modernité est l'automobile démocratisée en ville et le président Pompidou mènera sa politique de construction de la ville moderne en adéquation avec la circulation routière. Aussi avec la croissance économique importante (+ de 5 %), un chômage très faible (moins de 300 000 chômeurs) et des perspectives d'évolutions dans une société en pleine mutation, tout semble réalisable. L'insouciance est un sentiment qualifiant bien les mentalités de ces années. L'insouciance est une liberté de penser, de rêver, d'entreprendre et un moyen d'évasion de la réalité. La démocratisation de la voiture, est un fort symbole de la liberté de cette génération, de leur émancipation face à leurs parents et face aux codes de cette génération ayant connue la guerre. Elle sera mise à rude épreuve dès 1973. Dans la suite des années 1970, les crises économiques, la mutation de la société, le déclin de l'industrie, l'augmentation du chômage atteignant un million de Français à la fin de cette décennie, cassent le dynamisme de la population. La réaction populaire est de forcer une certaine exubérance dans les autres domaines : la mode, la musique, le design avec une profusion de la couleur et l'utilisation de nouveaux matériaux *« dans la mode et dans le design, on va faire quelques chose de très très fun et les années 70 vont être les années de l'exubérance, et l'exagération à tous les niveaux [...] on a envie de couleurs extrêmement éclatantes [...] naissance du disco aux États-Unis »* Pascal Montfort[2]. Stephen Bayley *« L'architecture a connu des bouleversements extraordinaires »* ; le centre Pompidou, de Richard Rogers et Renzo Piano est un monument complètement atypique et révolutionnaire pour l'époque, qui a métamorphosé un quartier de Paris à l'abandon. *« Cela exprime brillamment le rôle catalyseur que d'imposantes structures peuvent avoir, même si le message qu'elles véhiculent n'est pas aussi rationnel qu'il se veut l'être ».*

2 Pascal Montfort, consultant mode, « Five decades of design », Renault TV.

Le désenchantement publicitaire

Au début des années 70, le transport est révolutionné avec le Concorde, l'avion le plus rapide du monde, Paris – New-York en 3 heures, dont le design aérodynamique fascine et va inspirer les constructeurs comme le nez de la Citroën Visa, puis la Renault Fuego dans les années 1980.

Domaine à la fois artistique et devant parler au plus grand nombre, la publicité automobile va alterner durant ces années entre ennui et surprise. Soit elle se concentre sur les caractéristiques techniques et la facilité d'utilisation, intégrant la notion d'économie d'énergie (conséquences directes des chocs pétroliers) dans ce cas les spots sont descriptifs et listent les équipements, le produit intrinsèque n'est pas mis en valeur, seule son utilité l'est ; soit elle utilise la voiture comme outil de sortie de la morosité et voulant coller davantage à la mode, au design, à de la gaieté. La première option restera la plus courante au grand désespoir des publicitaires et analystes qui qualifieront cette décennie de « *confort, économies d'énergie et ennui* » Samuel Brunet[3].

Le spot de la Citroën Visa de 1978 est une illustration de la morosité ambiante. Présentée en blanc, sur un fond blanc, la voiture reste statique et terne. Seuls les commentaires décrivent la Visa, son confort et son pare-chocs avant sont vantés par les femmes tandis que la commande au volant, la praticité du coffre et la ligne par les hommes. Signature : « *Citroën Visa, ça c'est une auto* ». Malgré un décalage avec les pubs de l'époque dans l'environnement présent, le spot est profondément ennuyeux, on y liste encore les mêmes arguments. D'autant plus que le blanc, couleur normalement lumineuse reste ici très terne, pour un segment de véhicule pourtant très plébiscité. Morosité économique, oui mais les années 1970 c'est aussi une certaine audace, « *les années 70, tout était possible, en même temps il y avait la morosité, mais elles proposaient la folie* » Pascal Montfort.

---

3 *Samuel Brunet, auteur de « Publicité automobile et communication publique en sécurité routière : la grande incompréhension ».*

Malgré cette tendance le constructeur Renault va opter pour une approche novatrice en personnifiant sa nouvelle petite voiture. Icône automobile de ces années, la Renault 5 casse les codes avec un design très innovateur pour l'époque. Les populations les plus réactives sont les femmes, puis les jeunes et finalement tout le monde « *c'est la voiture à la mode, c'est la première voiture où on peut dire c'est une voiture tendance* » Pascal Montfort, respectant le côté utilitaire de la petite voiture « *mais y ajoutait une dimension chic* » Pascal Montfort.

Sur ce segment Mini est leader et dans sa lignée les arguments exposés sont toujours la praticité de la voiture pour la ville, a contrario le confort et le fun, avec une palette de couleurs tristes, sont négligés. Effectivement ces véhicules se cantonnent à l'environnement urbain, ne s'adaptant guère à faire de plus longs trajets. C'est en cela que la R5 va être révolutionnaire. Non seulement elle développe un grand confort, mais se décline dans des couleurs pop et fun. De plus Renault veut créer une affection à cette petite voiture très jeune. Dans un extrait de vidéo de présentation elle va respecter les codes descriptifs et énumérant les caractéristiques de cette nouvelle voiture, un changement est néanmoins important, la voiture lancée en 1972, sera présentée avec une jeune femme en mini-jupe, ce bout de tissu était un symbole d'émancipation de la femme et surtout de la liberté sexuelle gagnée en 1968. L'accès à une petite automobile pour une femme indépendante, jeune, tendance et assumant sa féminité, l'ensemble des symboles de ce que veulent être les générations du baby-boom est là. Elle va la personnifier, lui donnant un surnom, une voix, des yeux et un rôle dans une série de spots, et affiches, typées BD « *les aventures de Supercar* ». Tant à la ville qu'à la campagne Supercar se déplace aisément, insuffle la bonne humeur, sans être trop gourmande, démontrant ses qualités par une liste d'équipements faisant face à toutes les situations.

L'évolution des campagnes de la Renault 5 est un bon exemple de résistance positive à la morosité économique. Tandis qu'elle était sage et ludique en 1972, en 1978, elle joue la carte d'une certaine exubérance ambiante en se présentant à San Francisco, ville aux rues en montagnes russes et tortueuses, où la tenue de route est mise en avant ainsi que sa maniabilité. Les États-Unis sont emblématiques pour leur croissance, et pour être le pays dans lequel tout est possible.

En 1979, Renault relance une campagne pour la R5 en vantant sa polyvalence et sa consommation maîtrisée, mais de manière ludique et davantage colorée que les autres constructeurs. Nous la découvrons prenant la taille d'un jouet en ville, se faufilant partout, puis hors-ville, elle grandit tellement qu'elle passe juste sous les ponts à la campagne, spacieuse et confortable pour les longs trajets ; quant à la pompe à essence, elle redevient jouet et une seule goutte suffit. « *Grande et petite* » la signature la définissant au plus juste, malheureusement sans grande folie ni originalité, elle reste descriptive et utilitaire. Il est à noter que finalement ce spot n'est ni plus ni moins que la version originale de celui de la Fiat 500L de 2013.

En parallèle, les spots de la Citroën GSx de 1974 « *être soi-même* » est parfaitement révélateur de la double personnalité de l'époque, et sera un précurseur de la philosophie des spots des années 1985-89. Un fils bien propre sur lui, dépose son père âgé à la gare, en douceur calmement, cependant dès qu'il remonte dans sa voiture sa vraie personnalité se dévoile au fil des kilomètres, il démarre en trombe, défait cravate et le haut de sa chemise, ébouriffe ses cheveux d'origine bien plaqués, bien peignés, et troque ses lunettes de vue pour les dernières lunettes de soleil à la mode. Arpentant les routes de campagne, liberté de l'âme, liberté de soi, libération de l'emprise de la société et des codes érigés par les générations précédentes, « *être soi-même* ». Seuls mots de Citroën « *Citroën GSX, une nouveauté parmi les sept modèles de la gamme GS* ». Ici la voiture est présentée en orange, qui était la grande tendance de ces années du milieu de la décennie. Couleur controversée, fruitée, piquante elle est porteuse d'optimisme, sa surutilisation dans le mouvement hippie l'a largement mise en lumière, mais elle est aussi un élément d'alerte, de mise en garde avant une dégradation, une interdiction (comme les feux tricolores, les équipements de chantier, les indicateurs économiques). Ce spot est porteur des tendances, de l'excentricité des domaines artistiques et de la morosité économique.

La fin des années 1970 définit également une crise dans la notion de progrès avec les conséquences mises en avant, déchets nucléaires (manifestation de 1977 en Isère, dont la mort d'un militant anti-nucléaire deviendra l'emblème de ce mouvement), mais aussi marée noire, avec le naufrage de l'Amoco Cadiz, un super-tanker qui déversera ses 220 000 tonnes de pétrole brut en transport et ses 3 000 tonnes de fuel sur 400 km de côtes bretonnes. Cette catastrophe fera prendre conscience de la fragilité de la planète et de l'impact de l'Homme.

Prise de conscience des politiques, de la population et lutte des publicitaires

La notion de sécurité routière impacte en deux temps les publicités automobiles, en premier lieu ce va être la prise de conscience du danger de la route par l'explosion du nombre de morts sur les routes et la politisation de ce domaine, puis à la fin des années 1980 et début des années 1990, une règlementation des spots télé, contraignant les mises en scène.

Cette décennie débute avec une véritable prise de conscience des pouvoirs publics de la dangerosité des routes et des comportements des automobilistes. La prévention routière n'est pas nouvelle, en effet l'association du même nom milite depuis 1949 sur un premier niveau d'information. Rapidement elle s'allie avec les réseaux d'assureurs formant un véritable lobby face à l'État. Leur puissance est reconnue puisqu'elle fait plier les gouvernements successifs sur la mise en place de règlementations, comme les premières mesures sur l'alcoolémie et les limitations de vitesse, et d'amélioration du réseau. Cependant, particulièrement entre 1960 et 1971, l'augmentation du nombre d'automobilistes est telle que le nombre de tués sur les routes explose, avec une progression de plusieurs milliers de morts par an, pour atteindre un pic de 18 034 morts en 1972. Ces évolutions forcent l'État à intégrer ce problème dans sa politique, avec la création le 5 juillet 1972 du premier comité interministériel à la sécurité routière, par Jacques Chaban-Delmas, et avec Christian Gerondeau à sa tête. L'organisation de ce comité implique de nombreux ministères (intérieur, transports équipements et travaux publics, enseignement...) avec la définition de grandes lignes politiques qui sont reprises par les médias au point d'impacter favorablement le nombre de tués au second semestre de 1972. Dorénavant la sécurité routière prend sa place dans les médias, dans l'esprit des automobilistes. Pour marquer les esprits, les pouvoirs publics opèrent une action de communication, la campagne Mazamet, dont le nombre d'habitants correspond au nombre de tués sur la route. Les habitants se couchent tous sur le sol, comme morts et cela est filmé au sol et en aérien, et diffusé sur la première chaîne sous la forme d'un documentaire, d'un faux documentaire « *Une ville rayée de la carte* ».

La mobilisation politique, et cette première communication étatique sur le sujet, sont reprises par les médias ce qui crée un véritable écho qui met en avant le danger de la voiture, et de son utilisation.

La victime n'existe pas au début, la fatalité est le coupable d'un accident et les risques pour le chauffard sont ridicules, ainsi il n'y a pas de responsable dans les accidents. Les victimes existent pourtant, et ce sera la médiatisation de quelques grandes affaires (Anne Cellier par exemple de 1987) qui va instaurer la place de la victime et montrer la réalité du risque routier. La responsabilisation des individus passe par la réglementation que l'État se voit obligé de faire évoluer dans sa conduite de sécurisation des routes.

En parallèle le trafic devient très intense et le succès des petites voitures est fulgurant. Les embouteillages sont aussi importants que la perte de temps qu'ils occasionnent. Au préalable des GTi, les motorisations des petites voitures sont de plus en plus puissantes. Il faut aller vite et se faufiler. En 1980, la Peugeot 104 Z, petite sœur de la 205, mise sur sa praticité « *Zig Zag* » dans un contexte de plus en plus citadin ; puissance et économie « *plus rapide qu'un zèbre et plus sobre qu'un zébu* », principalement des valeurs très familiales et raisonnables, économie et praticité, conservées et entretenues par les femmes des foyers, mais aussi puissance dont l'objectif est l'efficacité et le plaisir de conduire. Sans être dans la folie des années à venir 104 Z fait preuve d'audace en alliant puissance moteur et femme au volant.

En 1981, toujours personnifiée, la Renault 5 est cette fois une sorcière qui profite de la nuit pour s'éclipser et faire ce qu'elle veut, et rentre au petit matin dans le garage familial. Dans ce spot elle vole, elle fait se soulever les camions, elle rigole, mais le tout dans une ambiance bon enfant.

La tendance à une certaine folie est bien là, les voitures, y compris les petites pour la ville, ultra-populaires roulent très vite, soulèvent des nuages de poussière et de feuilles sur leurs passages, la vitesse et la puissance sont de retour après le coup de mou qu'ont donné les chocs pétroliers des années 1970. L'État fait une tentative de régulation publicitaire, en 1984, avec la signature d'un protocole définissant trois grands principes :

— Le renoncement à la publicité prônant la vitesse de pointe

— L'interdiction de mettre en évidence la vitesse

— Limiter l'excitation de l'agressivité du conducteur

Ce sera un total échec pour l'État puisque dès 1985 Citroën vante la puissance de sa nouvelle CX 2, atteignant 220 km/h. La justice donnera raison à l'argument de l'agence responsable, RSCG, défendant que le protocole ne fût pas une obligation légale. L'écho de cette affaire n'a fait que promouvoir cette publicité.

La deuxième partie des années 1980 est un vivier de ce qui s'est fait de plus fou en termes de publicités de voitures. La créativité des agences en accord avec l'audace des constructeurs ont mis à mal la politique sécuritaire de l'État. Rien d'étonnant à la vue du contexte des années 1980, après la certaine morosité économique, et les prises de conscience de dangers des années 1970 avec en parallèle l'exagération ultra-poussée en terme de mode et de design, il y a une volonté de rêve et de concrétisation, de projets, d'ambitions, et de réussite. L'État en est l'un des vecteurs, avec les avancées sociales de la cinquième semaine de congés payés, le passage aux 39 heures hebdomadaires, et avec le TGV, au design novateur, Stephen Bayley : « *c'est une merveille aérodynamique aux lignes épurées, trente ans plus tard, il n'a pas pris une ride [...] la locomotive du TGV qui se distingue par son nez aquilin plongeant a en fait été créée par des Anglais formés à New-York* ». Ces années vont démontrer que le design peut répondre à toutes les attentes. Le design c'est un mouvement, et le mouvement va être incarné par la musique mobile avec le Walkman de Sony. Le mouvement va bouleverser les codes de stylisme automobile. La Renault Fuego, avec une ligne nouvelle de l'époque, est en définitif ni plus ni moins que la version coupée de la très sage R18, piquant quelques airs de Porsche 924, elle est faite pour qu'on la remarque et que l'on voit l'individu qui la conduit. La véritable fin des années 70 vient, elle, avec l'élection de François Mitterrand et le nouveau souffle espéré par les Français. L'espoir de la sortie de crise, l'envie de rêver à nouveau à l'avenir.

À la fin des années 1970, Renault lance sa R14, très en adéquation avec son marché privilégiant le confort, elle vante sa ligne minimisant la taille du capot, et utilisant ce gain pour le développement de l'espace de l'arrière pour les passagers, ce dans une petite voiture. Oui mais Renault imagera l'application par ce que lui rappelle la forme de sa voiture : une poire. Et les récepteurs comprendront « *si j'achète cette voiture c'est que je suis une poire, donc pas bien malin (maligne)* ». Échec cuisant, cette erreur publicitaire restera dans les annales, et marquera la première forte faute publicitaire conséquente puisque le modèle sera un échec commercial malgré ses qualités intrinsèques.

Intervention réglementaire

et crise morale

Sortie de crise par l'exubérance publicitaire

Les années 1980 sont opportunistes et même légèrement vaniteuses. Vaniteuses car il faut être vu, opportunistes n'étant pas nécessairement péjoratif mais concrétisant l'aspiration globale à ne pas vouloir se poser de limites. L'un des grands phénomènes, présent depuis quelques années déjà, mais incarnant cette notion est l'humoriste Coluche qui fera tomber en France la limite de l'homme politique, ses sketchs ironisant sur les hommes au pouvoir détonnent non seulement par leurs qualités mais surtout par leur audace. Jamais il n'avait été envisageable d'user d'humour envers les grandes personnalités de l'État, surtout en place, sans être dans un milieu permettant de communiquer à ce sujet, Pierre Desproges, icône de la satire politique, n'a pu entamer son talent que par son embauche à l'Aurore, son cynisme lui valant d'être plus d'une fois, remercié. Ces trublions du respect de la liberté d'expression envers les politiques, accompagnés de Thierry Le Luron, ont permis de briser des codes profondément enfouis. Ce tourbillon de paroles, d'actes (la présentation de Coluche aux élections de 1981) dans la dynamique de sortie de la morosité des chocs pétroliers des années 1970, et la rénovation économique complexe avec les vagues de privatisations, non sans difficultés, ouvrent des portes de développement d'entreprises et un changement de système, plus libéral, imagé par le système américain qui lui a associé le fameux rêve américain, la liberté d'entreprendre, de plus le contre-choc pétrolier (1982-1986) permis entre autres par la réalisation d'opportunités conséquentes à une crise, animent l'espèce de folie de liberté que proposent ces années. Dans un contexte de crise morale, avec un détachement des engagements politiques à l'inverse des générations précédentes, la mondialisation et ses débordements, la crise éthiopienne, vont déclencher de grandes mobilisations planétaires, avec les regroupements de chanteurs par exemple qui avant chantaient les appels à l'engagement politique, cette décennie passera au tout humanitaire, les grandes causes morales, offrant une possibilité de trouver un sens à un engagement que la population ne trouvait plus dans les batailles politiques tendant à être politiciennes. Les publicitaires en feront logiquement leurs choux gras.

Mais avant cela la date qui va révolutionner la publicité est le 4 novembre 1984 avec la naissance de Canal + et le chamboulement du paysage audiovisuel français, figé depuis plus de dix ans et surtout avec la puissance étatique derrière-lui. Première chaine de télévision privée payante, avec son ton fait d'irrévérences, de provoc et de nouveauté, elle marquera en à peine un an ce que deviendra la télévision. La concurrence entre les chaînes et la mesure des audiences vont dicter les programmes. Le poids de l'image va se révéler et les émissions vont devenir racoleuses, accros à la dérive sociétale et à l'exagération de l'individu à la base quelconque, ce sera l'émergence du reality show. Une nouvelle forme de spot promotionnel mais non-publicitaire, le clip vidéo musical, va changer le regard sur l'utilisation de la télévision et sur l'organisation de ces mini-films. La privatisation de TF1 va accélérer cette course à l'image.

Si les radios offraient pour le moment une illusion de zone franche du tout-commercial, la télé se précipite dans la commercialisation de tout. Pain-béni pour les publicitaires dont la créativité est relancée par les folies issues des domaines artistiques. La publicité automobile est en réalité laissée très libre par la loi Royer de 1973 qui ne touche finalement pas les voitures car elle promulgue uniquement l'interdiction de convaincre à tout prix. Les arguments vantés dans les pubs auto des années 1980 prônent des comportements extrêmes ou font faire à peu près n'importe quoi à la voiture. Les maîtres mots de cette époque sont les 3 R « *rêve, risque et rire* » J. Séguéla.

On entame cette folle période avec la Citroën Visa GTi, en 1985. Présentation agressive de la voiture qui fait son entrée par un dérapage, un homme en sort et se retourne vers son groupe d'amis, tous en tenue identifiable de pilote, blousons et bonnets de cuir, lunettes de protection sur la tête, échanges entre eux et défi lancé « *tu monterais là-haut avec ton bolide ?* » rires des autres, amusé car la question prouve l'ignorance « *c'est une GTi – il est complètement à la masse !* ». On découvre le décor, un porte-avion en pleine mer, la voiture sur le pont au côté d'un avion de chasse. Le « *pilote* », à qui tout le monde peut s'identifier, monte dans la Visa GTi. Décollage de l'avion, décollage de la Visa, victoire de la GTi, doublant l'avion en plein vol saluant le pilote, avant de finir sa course dans l'eau et ressort sur un sous-marin remontant à la surface, la signature « *Visa GTi, la GTI sauvage !* ». La voiture est sportive, puissante, outil de dépassement de soi et des limites que nous connaissions. Les constructeurs sont dans une course à la puissance, et à la performance. Bien sûr ces puissants véhicules existaient déjà mais ils correspondaient à la course, au luxe et n'étaient donc pas accessibles au tout un chacun, dorénavant les GTi sont le symbole de la démocratisation de la puissance et de la sportivité. De plus elles redonnent aux hommes un véhicule leur parlant directement dans un domaine où les femmes se sont imposées comme égales quant à la capacité de conduite, et aux besoins d'une voiture. Les avancées de société quant à la place des femmes sont très nombreuses et leur émancipation globale est largement acquise dans les mentalités de ces générations, malgré tout de nombreux combats restant à mener, elles sont indépendantes et comptent bien le rester. Les enquêtes menées à cette période sur les femmes au volant sont marquées par le mépris des hommes pour cela et la puissance des préjugés sexistes, ce qui est totalement démenti par les chiffres de la sécurité routière. Casser ces mentalités est l'une des priorités du comité intergouvernemental de sécurité routière, soutenu par l'association pour la prévention routière. S'appuyant sur le bon comportement des femmes sur la route, la campagne « *auto-macho, auto-bobo* », est lancée en 1986, mettant en avant le ridicule de la conduite puérile masculine exagérée par leur non-prise de conscience que ce type de comportement met en danger la vie de leur passagère et celles des autres automobilistes, rien de séduisant. Ce spot utilise l'axe de la séduction car c'est justement l'argument de société à cette période.

La pub de 1984 de la 205 est en plein dedans. « *Avec cette voiture vous aurez les filles* », voilà le message. Les vacances, la côte, la terrasse d'un café sur laquelle deux jeunes filles boivent un verre, elles sont interpellées par le jeune homme qui vient de se garer, posant ses écouteurs de walkman (signe de jeunesse et d'être « branché »). Elles entament la discussion « *Ouha la classe ! Super ! Quelle allure ! Le look ! Branché !* », ce qui démontre bien le besoin d'être vu et remarqué des années 1980. Rires des jeunes filles quand le jeune homme les remercie, « *non on parlait d'elle ! – Ah ma nouvelle 205 !* » bon moment pour lancer un descriptif de la voiture séduisant les jeunes filles devenues les récepteurs du spot. Petite vengeance du jeune « *Quelle ligne ! – Oh merci. – Ah non non je parlais d'elle !* » en pointant la 205. La voiture nous fait face avec les trois jeunes à l'intérieur « *205 lance son look 3 portes, un sacré look ! Branché !* ». Les arguments techniques se sont évaporés, seuls ceux autour de l'allure, le look et la tendance de la voiture comptent. Dans la continuité de cette tendance, en 1989 nouveau spot de la 205 : la 205 Junior ou le moyen de faire monter des filles dans une voiture. Visite scolaire dans un paysage de canyon américain, sur le sommet d'un plateau, trois jeunes filles, elles remarquent, dans la vallée, un nuage de poussière formé par le passage de la 205 roulant très vite et dérapant comme dans un rallye. Le jeune homme à son volant, atteint le sommet des filles, se cache derrière le bus, dans lequel elles montent pour redescendre directement afin de grimper dans l'aventurière 205. La chansonnette accompagnant le spot, est originale

« *Regarde un peu cette voiture, oh la belle 205 Junior, quand t'es à bord plus personne ne t'ignore [...] y'a les filles qui rappliquent, ça te donne le moral [...] la 205 Junior, elle est terrible !* ». Les choses sont dites clairement et les nouveautés de la voiture sont chantées, voguant sur la tendance pop et rock'n'roll.

Dans ce contexte les versions GTi ouvrent le nouveau terrain de jeu des hommes les rappelant à leur enfance et aux petites voitures auxquelles ils faisaient faire des cascades. Ludique la voiture est un jeu ; indomptables, les GTi sont les super-héros des moteurs et le jeu au masculin. Dans cette période de totale liberté des publicitaires, les GTi sont donc un vecteur de plaisir et de créativité. L'un des spots les plus emblématiques avec celui de la Citroën est celui de la 205 GTi avec James Bond. On découvre une 205 rouge en parachute, floqué de 205 GTi, au milieu des montagnes enneigées « *une fois ma mission terminée, je me sentais léger, j'allais tomber de haut* » et l'on découvre un avion militaire, un bombardier, « *heureusement j'avais gardé mon arme, ma nouvelle 205 GTi* » la voiture est votre meilleure alliée. Cette voiture est celle qui vous sortira de toutes les situations, le missile du bombardier éclate le parachute de la 205, qui tombe sur les pentes enneigées et sur un lac gelé, roulant à toute vitesse avec James Bond au volant, le bombardier se met à sa hauteur et la poursuit, la dépasse et largue une pluie de missiles. Elle se faufile malgré les secousses des explosions, la neige, la glace, et s'enfuit sur une route de forêt. Une « *James Bond Girl* » attendant dans un chalet, la 205 arrive à pleine vitesse, et se gare par un dérapage. Reproche de la jeune femme « *j'ai failli attendre* » réponse « *par ces routes glissantes il convient d'être prudent* ». Un instant de sécurité, la GTi est un jouet qui comble votre vie de plaisir, d'efficacité, d'allure et de sécurité. « *Plus GTi que jamais !* ».

En 1986, Citroën avec sa BX GTi s'adresse aux femmes en mettant une jeune active au volant, traversant tous les obstacles, « *Ah Ah Ah, BX GTi, rien ne l'arrête !* » ce qui traduit à la fois le dynamisme de la société, sa croyance en l'avenir et les mentalités féminines. Le jeu de la GTi pour toutes.

Le plaisir individuel, tel est le credo des GTi. Ce qui accordait puissance, pouvoir et identité auparavant était l'appartenance à un groupe, une famille, un parti, et les vocations de ses assemblées, dorénavant l'accélération de l'émancipation des individus, avec en tête les femmes a entamé grandement et profondément les croyances en des solutions collectives, le salut individuel devenant la nouvelle religion sociale. L'accélération du délitement sociétal fera apparaitre une tendance de repli sur soi. L'un des éléments frappés de plein fouet est le mariage, en baisse, il se fait plus tard et le divorce se démocratise, ce qui fera ressortir une nouvelle catégorie de clients dont les publicitaires automobiles vanteront la liberté : les jeunes actifs (hommes et femmes) célibataires ; ils ont tout : le pouvoir d'achat, la jeunesse, la liberté des contraintes familiales.

Nouveau spot 205 en 1989, la femme a clairement du pouvoir et elle s'est imposée dans la société. La traduction selon Peugeot : un désert, une femme, vêtue d'un tailleur, qui quitte sans doute son compagnon du moment, et monte dans un petit avion, son jet de femme d'affaires sûrement. L'homme très énervé, a lui aussi son atout, sa 205. L'avion décolle. L'homme prend le volant et dessine un curieux parcours au sol. Depuis le hublot, on découvre en même temps que la femme le parcours de la voiture qui a écrit dans le sol « GARCE ! » amusée « 205, un sacré numéro ! ». Force de caractère, de personnalité, fougueuse, la 205 est un moyen de communication, et de démonstration de sa personnalité. Elle reconnaît son attachement à la voiture bien plus qu'à l'homme qui la conduit, car au fond c'est la 205 que quitte la femme avec regrets, indomptable 205, c'est elle qui restera dans les souvenirs de la femme. Elle a séduit la femme, qui se déplace en jet, qui est puissante et a du pouvoir. La pub laisse l'appréciation de ce pouvoir à chacune des téléspectatrices.

Les premiums : proactifs de la règlementation et du besoin de valeurs

Malgré les tendances à la vitesse exacerbée, les dérapages contrôlés et des situations loufoques, les constructeurs allemands eux dessinent des spots vantant leurs technologies et surtout l'avance qu'ils prennent sur le temps et la concurrence. Dans des environnements sobres, la sécurité, la fiabilité, les économies sur l'entretien viennent rassurer des clients exigeants. BMW reste sur une cible masculine premium, le munichois développe « *l'intelligence automobile* », et avec lui le plaisir de conduire qui deviendra sa signature. Pour justifier ce propos, il vient poser une question à ses prospects dès 1987 « *Qu'êtes-vous en droit d'attendre aujourd'hui d'un constructeur automobile ?* », si les conducteurs se la posent, ils l'appliquent forcément aux concurrents, et qu'est-ce-que les concurrents ont à répondre à cela ? BMW, elle, apporte une réponse, et surtout une solution.

Dans une décennie voyant les croyances communes se délabrer et la population se détourner de la religion pour se vouer à celle de la consommation, Audi propose une nouvelle religion celle de la voiture selon Audi, entend (en latin) les disciples perdus et les guide. Son ton religieux se retrouve dans ses catalogues, affiches et ses spots sur l'évidence de choisir Audi : « *Audi. La Foi automobile* ».

En 1988, Renault présente la R21, sa berline familiale, dans un décor grandiose typé des grands espaces américains. Dans ce spot un père et son enfant atteignent le sommet d'une montagne et font signe à une voiture qui arrive, la voiture c'est la R21, et c'est la mère de famille qui la conduit, qui vient chercher son fils et son mari, et rentrent tous ensemble, le mari prenant le volant pendant que sa femme s'assoupit à côté. « *Aux chasseurs de liberté, Renault leur dédie la R21* ». Cette publicité et cette signature symbolisent la globalité des années 1980, sa folie douce par son environnement, une R21 dans le grand ouest américain traversant les espaces en dehors de toutes routes, récupérant un fils et son père très citadins d'une promenade sur une montagne rocheuse isolée et représentant un véritable sommet, pour rentrer tranquillement à la maison. Ce paysage montre l'importance des vacances et la diversification des destinations, l'internationalisation des biens, l'ouverture des mentalités, la liberté dont la voiture est un outil symbolique au quotidien. L'aspiration de croire que tout est et que tout peut être possible est le marqueur de ces années, concrétisé en 1989 avec la fin de la Guerre Froide, la chute du Mur de Berlin, les indépendances de la Hongrie, de la Pologne, de la Tchécoslovaquie, de la RDA, puis de la Bulgarie et enfin celle de la Roumanie, l'instauration de la démocratie au Paraguay, succédant au Brésil de 1985, mais aussi plus malheureuses les manifestations de la place de Tian'anmen, prouveront la force de résistance et la volonté de liberté avec la photo de ce résistant, avec son sac à la main faisant face seul à un tank, la puissance de l'individu, de l'humain insuffle un tel respect à travers le monde. Ces événements ont marqué les esprits et cela a été rendu possible par la formidable extension des médias, et la rapidité de communication des informations.

Après l'échec de 1984 et le protocole visant à limiter les travers de la publicité automobile, et après la provocation qui a suivi, l'État, par le ministère des transports, commande un rapport sur la « *publicité nuisible à la sécurité routière* » et en conséquence, signe avec les agences de conseil en publicité et l'ensemble des constructeurs automobiles un code de déontologie, aussi le Bureau de Vérification de la Publicité (BVP, rebaptisé Autorité de Régulation Professionnelle de la Publicité [ARPP] en 2008) sera garant de son application, en 1989. Le BVP, association loi 1901, indépendante de l'État, a été créé en 1935 avec pour but de créer et faire évoluer une déontologie publicitaire pour « *une publicité [...] loyale, véridique et saine* ». Par ailleurs il veille à la liberté d'expression de la publicité et à la protection de cette profession à toute forme de censure. Pour conserver une neutralité et un équilibre entre les parties prenantes à la création publicitaire, ce bureau est composé des trois intervenants de la profession, les annonceurs, les agences en conseil en communication et les supports. L'association est entièrement financéepar ces acteurs.

Ce Code de déontologie édite les règles suivantes et interdit le discours ou les images qui :

• *Vantent les aspects performance et dynamisme, la conduite sportive.*

• *Présentent des scènes évoquant des courses automobiles, des accélérations foudroyantes, des vitesses maximales.*

• *Évoquent des besoins contraires à la sécurité ou des valeurs individuelles exacerbées comme la domination, l'impétuosité, la force.*

• *Éveillent chez le conducteur un faux sentiment de sécurité en lui suggérant que grâce à tel système technique (du véhicule ou de ses accessoires) il sera à même de maîtriser toutes les situations dangereuses.*

• *Représentent ou évoquent par des truquages non visibles comme tels, des faits ou des choses irréalisables en pratique.*

• *Incitent l'utilisateur à transgresser la loi et les règles élémentaires de prudence.* ».

1992, année tournant donc pour la publicité automobile avec le Bureau de Vérification de la Publicité qui vient bouleverser les codes en place jusqu'à présent par son devoir d'émettre un avis sur chacun des spots avant sa diffusion. La conséquence sera un frein mis à l'élan des spots de la fin des années 1980.

Retour aux réalités et prise de conscience

Une philosophie hédoniste se distingue au début de cette décennie. Ces années signent un certain retour à quelques réalités, l'extravagance des vingt dernières années, avec la superposition de matériaux, de couleurs, laisse place à un besoin de calme concrétisé par les designers Marc Newson et Tom Dixon, prônant un minimalisme et l'alliance des métaux. Le grunge, rock ravageur à l'hygiène peu soignée traduit musicalement et esthétiquement ce minimalisme en la volonté de valoriser le texte, la voix, la musique plutôt que le tout dans l'apparence, « *c'est celui qui ne s'habille pas, tout est dans la tête et moins dans les poches* » Pascal Montfort. Architecturalement, l'exubérance continue, mais cette fois, le temps ne lui réussira pas et ce qui devait être grandiose sera finalement fade (le Dôme du Millénaire).

Internet et les nouvelles technologies se démocratisent fortement pendant ces années, l'équipement des foyers et des entreprises en découle. L'IMac d'Apple, par le jeune designer britannique Jonathan Ive et le savoir-faire de Steve Jobs, est une réelle réinvention de l'ordinateur domestique, qui se détache de l'ennuyeux outil de travail et le transforme en outil de plaisir, ergonomique et aux couleurs acidulées. C'est avec l'IMac que Steve Jobs exprimera une nouvelle définition du design qui restera un tournant « *un design est bon si on a envie de le lécher* » « *citation pleine d'esprit alliant esthétisme, sexe et plaisir* » Stephen Bayley.

Internet lui est rendu accessible au grand public grâce à Netscape, succédant à Mosaic, créés par l'Université de l'Illinois. Mosaic est le premier navigateur web basé sur un système de toile comme celui de Tim Bernes-Lee utilisant le réseau du CERN, le CERNET, sur lequel il conçoit le principe de naviguer simplement grâce aux liens hypertextes permettant de relier les espaces d'internet aux autres par plusieurs chemins, comme une toile, qu'il baptisera World Wide Web. Netscape est le navigateur qui rendra possible l'accès et l'utilisation aux non-initiés, le grand public. Google débarque en 1998 et s'impose comme LA porte de recherche sur Internet.

La planète prend davantage conscience des enjeux environnementaux liés à l'humanité, la société de consommation, la pollution, avec politiquement trois grands évènements : le Sommet de la Terre de Rio de Janeiro, en 1992, le Protocole de Kyoto en 1997, et le premier Forum Mondial de l'Eau à Marrakech la même année. Plusieurs catastrophes, sanitaires (la crise de la vache folle), naturelles (séismes en Iran [37 000 morts], Inde [7 000 morts], Japon [Köbe, 6 000 morts], Turquie [17 000 morts et 30 000 disparus], l'ouragan Mitch et le Cyclone d'Orissa dévastèrent respectivement l'Amérique Centrale et l'Inde faisant chacun plus de 9 000 morts), frappent les esprits et accélèrent la prise de conscience de ces enjeux.

Le référendum préalable à la signature du traité de Maastricht a soulevé de nombreux questionnements et une frilosité de la population. Le « Oui » l'a emporté de justesse, mais ce débat a mis en lumière de premières disparités fortes au sein de la population concernant la croyance en une Europe unie et tendant à un système davantage fédéral, un désamour pour l'Europe est palpable venant de la crainte engendrée par une diminution de la souveraineté nationale effective sur des éléments économiques et politiques cruciaux comme la programmation de la mise en place de la monnaie unique, ou la politique étrangère et de sécurité commune. De plus le statut même des populations va changer avec la création de la citoyenneté européenne commune à tous les habitants des pays membres et la libre circulation instaurée par les accords Schengen qui va rentrer en application. Cela correspond au plus important acte de construction européenne, une formidable avancée, et comme tout grand changement est par définition l'abandon ou la forte modification de principes existants pour des nouveaux dont l'efficacité, le réalisme et la concrétisation ne sont que théoriques, cela effraye un peu les populations car il est bien connu que l'inconnu peut faire peur. Aussi la chute de l'URSS, l'émancipation des républiques d'Europe de l'Est, des pays Baltes, de celles d'Asie centrale ont bouleversé la structure de la géopolitique mondiale en mettant fin à la bipolarité dans laquelle évolue la société depuis cinquante ans. Dans ce contexte les États-Unis doivent se repositionner et l'Europe en parallèle se dessine comme une nouvelle fédération voulant parler d'une voix, formant ainsi un nouvel interlocuteur de taille, et puissant, au niveau mondial.

Le chômage, revenu dans les années 1970, a perduré durant les années 1980 et fait naître une nouvelle catégorie de pauvreté : les chômeurs longue durée ne touchant plus les indemnités, et la précarité des RMIstes. Socialement, de véritables crises apparaissent totalement opposées à la mentalité optimiste de ces années 1980. La création des Restos du Cœur par Coluche en est un exemple. En 1991, avec l'opération militaire « Tempête du désert », l'instabilité de la région source de pétrole s'installe et ce durablement. Le tout-voiture en sera mis à mal, cette politique vantée depuis des années, va mettre en exergue l'impact budgétaire sur les ménages et la pollution qu'il engendre.

1995 est une année mouvementée sur le sol français. Entre juillet et octobre, une vague d'attentats instaure un climat de peur. Attribués au Groupe Islamique Armé, basé en Algérie, les huit attentats s'enchaîneront rapidement au cœur de Paris et Lyon. L'application des accords de Schengen sera reportée en 1996 en raison de cette instabilité. Le contexte s'est dégradé et le thème de la fracture sociale est au cœur des débats politiques, Jacques Chirac en fait le fer de lance de sa campagne électorale. Les inégalités se sont accrues et la période des grandes améliorations sociales et de la règlementation du travail, font place à un besoin de réformes sur les retraites du secteur public, le privé l'ayant déjà adoptée en 1993 avec la réforme Balladur, mais aussi un besoin de régulation des systèmes en place avec l'imposition des allocations familiales, des restrictions sur les médicaments remboursables et les tentatives de contrôle du déficit de la Sécurité Sociale. Ce plan, porté par Alain Juppé alors Premier Ministre de Jacques Chirac, soulèvera l'opinion publique et les institutions publiques s'uniront pour les grèves les plus importantes depuis mai 1968. La mobilisation des transports publics fut le plus paralysant, cependant l'ensemble des grandes administrations (La Poste, EDF-GDF, France Télécom, l'Administration des Finances, les acteurs de la santé…) participaient à ces mouvements.

La deuxième partie des années 1990 vont voir renaître la recherche de qualité de vie et avec elle le début d'un nouvel exode vers le rural cette fois. Les premiers sont les rurbains, ceux qui avaient quitté la campagne pour la ville, et les néo-ruraux. La prise de conscience écologique et des enjeux environnementaux est l'un des facteurs de ce mouvement qui lui-même sera un accélérateur de ce phénomène. Parallèlement les efforts gouvernementaux sur la sécurité routière depuis la fin des années 1980, avec le livre blanc de Michel Rocard de 1989, vont déclencher de nombreuses créations et modifications de la règlementation du domaine. La ceinture devenue obligatoire pour tous les passagers, la création d'une police de la route, l'instauration du statut de délit de mise en danger de la vie d'autrui pour les comportements routiers les plus dangereux et un durcissement global des peines attribuées à la délinquance routière, la confiscation de véhicule, la limitation en ville à 50 km/h, l'instauration du permis à points, l'obligation des contrôles techniques réguliers, en sont des mesures phares. L'élargissement du champ et l'augmentation des contrôles de police, sonnent comme une limitation des libertés individuelles du conducteur particulièrement. Le débat entre ces politiques et la protection de la liberté individuelle, présent depuis les premières règlementations routières, s'essouffle.

Retour au calme et segmentation

Dans cette ambiance morose, fini « *l'autolywood* » des années 1980 et retour à un certain calme, axant les arguments sur les qualités techniques et le confort, déclinant une nouvelle règle, « *celle des 3 S – simplicité, substance et spectacle* » J. Séguéla, 1991, qui est le nouveau leitmotiv des agences et constructeurs. L'environnement est apaisé, et les préoccupations sont autour du moment partagé, des passagers, des êtres chers. Retour à des lieux quotidiens pour des trajets simples, confort et sécurité primant. Dans le contexte économique et social de ces années, la population cherche un vecteur de stabilité, un besoin d'être rassuré quant au bien-être de ses proches.

Audi débute la décennie avec un spot qui va être largement défavorable à son image. « *Les hommes ont une âme* » en 1993, vient en opposition au message bien assimilé par la population de macho-ridicule de la sécurité routière. La pub se veut haut de gamme comme le positionnement du constructeur, noir et blanc, working girl et homme d'affaires qui « *a l'argent, a le pouvoir, il a une Audi, il aura la femme* », mettant finalement en avant le goujat du client Audi et l'enclavement de la femme dans les clichés de société passée. Ce spot est terriblement mal perçu dans une société où l'émancipation des femmes est récente et la parité loin d'être atteinte, et l'ensemble des préjugés cassés. Un décalage fracassant.

Parallèlement Renault recrée sa gamme, étudiée en prévision des besoins de la société. Le losange réinvente sa R5 et la baptise Clio mais les arguments restent les mêmes « *elle a tout d'une grande* » à cheval entre la berline et la citadine pure. Avec son spot de 1992 « *l'Émir* » Renault s'invite chez ceux qui gèrent le pétrole, dans le palais ultra-luxueux de l'Émir, son fils qui reprend les rênes ne comprend pas quand son père lui dit qu'il doit renoncer à sa Clio, réponse du père « *pas assez cher, mon fils* » signature « *Clio. Mais que reste-t-il aux grandes ?* ». L'économie est ici présente dès l'achat de la voiture, le prix n'est plus seulement exposé comme auparavant, il est positionné au milieu de la concurrence, le prospect est assisté dans sa lecture du marché ; ce qui est significatif de l'économie réelle, du ralentissement de la croissance, et du pouvoir d'achat. Après avoir lancé l'Espace dans les années 1980, Renault propose son opposé, la mini-citadine Twingo détonante en 1993. Cette voiture est représentative du besoin de rendre le design ludique, la voiture économique et définit la nouvelle organisation du parc familial avec le monospace (Scénic ou Espace en première voiture, et la Twingo, petite citadine en deuxième voiture du quotidien). Spot Renault 1993, pour le lancement de Twingo et après celui son moteur diesel en Formule 1, va reprendre ces deux sujets qui avaient chacun suscité critiques et vives discussions. Deux hommes, commerciaux Renault, un pour la Formule 1, un pour la Twingo. Chacun va présenter les grandes performances de sa voiture à l'autre qui lui-même en fera le tour avec un vocabulaire décalé. Renault a gagné le championnat du monde de Formule 1 avec sa Williams, démontrant que Renault a des idées, les essaye et réussit là où personne n'allait, et donc Twingo.

Pour sa campagne suivante, Renault recherche le plus grand nombre et donc de coller à la réalité. Dans le tout urbain grisonnant et le moral atteint par les crises humanitaires, Twingo est ronde et pleine de peps. Renault vogue sur la recherche de nouvelles valeurs et propose donc une nouvelle vision de la vie, de la ville, de la voiture. Un soupçon de nostalgie aidant peut-être, l'esprit BD de son spot rappelle celui de la R5 « *Supercar* », ou alors est-ce peut-être pour rappeler que, avant de construire de nouvelles choses, nous les imaginons sur papier ; dans tous les cas sympathique ce spot permet d'offrir du calme, de la lumière et de la couleur dans un univers audiovisuel animé. « *Des voitures à vivre* », Renault place dans sa pub de la famille, de l'activité, des vacances, de la liberté, et de la joie, de la fraîcheur sur la marque qui est en processus de renouveler complètement sa gamme.

Avec l'acharnement de la sécurité routière, la protection des usagers de la route et des passagers est au cœur des mentalités. En 1994, BMW propose un spot axé sur l'air bag. Spot premium, image en noir et blanc, musique douce de berceuse, on y découvre un bébé en pleurs, la main de sa mère le guide jusqu'à son sein dans lequel sa tête tapera, doucement, plusieurs fois avant de se stabiliser. « *Rappelez-vous les sensations de votre premier air bag* » sur fond noir, puis on retrouve le bébé, calme et apaisé, rassuré, avec une image où il est confortablement installé contre le sein de sa mère, image assimilable à l'installation d'un enfant dans la voiture, confort et sécurité pour de voitures que l'on sait puissantes et sportives. L'enfant sera repris par le munichois l'année suivante. Dans ce spot il joue sur la sonorité de ses moteurs, reconnus par tous les amateurs. En effet, les moteurs turbo diesels, en pleine croissance dans le courant d'économie de carburant, émettent un bruit très désagréable de tondeuse à gazon, le soin apporté à cet aspect chez BMW leur permet d'offrir un son doux et agréable. Un enfant joue avec une petite voiture et fait beaucoup de bruit pour imiter celui du moteur, ce qui irrite l'oreille du père. Il lui tend une BMW miniature et quand elle se met à rouler, le son doux du TDi de l'allemande fait du bien à l'oreille. La musique adoucit les mœurs, c'est bien connu, et la sonorité de BMW est une musique pour les amateurs.

La promotion des innovations sécuritaires sera l'axe choisi par Audi en 1995, pour sa berline A4. Audi a besoin de redorer son blason particulièrement auprès de la gente féminine après son spot complètement décalé, machiste de 1993. On retrouve donc logiquement une femme au volant, en tailleur, elle est active, avec ses enfants à l'arrière, bien attachés, circulant dans la ville. Une voix-off féminine nous explique les innovations de la nouvelle Audi A4, en parallèle une deuxième voix-off « *impact dans 20 secondes* » en nous montrant un homme d'affaires lisant son journal et marchant en même temps dans la rue, nous comprenons bien que l'impact sera entre lui et la voiture. Pendant que le compte à rebours s'effectue, la femme continue à nous parler de l'Audi, pour aboutir à « *toute l'Audi A4 a été pensée pour raccourcir ce dont on parle si peu* », l'homme s'engage pour traverser, sans regarder, et caché par un camion ; à noter que l'homme présenté est complètement irresponsable et ne respecte pas ce qu'il doit pourtant probablement enseigner à ses enfants dans la rue, Audi inverse totalement les rôles de sa pub précédente ; « *3 secondes* », la voiture arrive, surprise, la femme pile, ses enfants retenus par leurs ceintures de sécurité sont secoués, « *le freinage* ». L'homme est sauf et continue sa route en regardant la voiture, « *impact* », l'homme rentre dans le lampadaire.

Clairement ces deux spots font perdurer l'image de qualité des voitures allemandes en axant sur les atouts sécuritaires dans un contexte politique ayant la sécurité routière comme projet phare.

Freinage, airbag et habitacle renforcé sont aussi chez Citroën avec son spot pour sa Xantia, « *prête aux imprévus* » dans lequel, sur une route, tous les types d'imprévus vont intervenir, pour le freinage principalement, avec un lapin, un cheval, un aigle…, qui traversent subitement la route, puis un arbre qui se déracine pour rentrer dans la voiture. La sécurité est le sujet oui, mais la voiture est abimée à la fin était-il nécessaire d'en arriver là ?

Ce spot est assez parlant du reste des publicités de la période, il y a de la couleur, mais c'est terne, un fond d'idées mais sans vraie concrétisation, globalement ennuyeuse. La folie des années 1980 est clairement frappée par la règlementation de la publicité auto, et la sécurité routière, la responsabilisation des conducteurs par le durcissement des règlementations mais aussi par l'impact de la société quant à son image si le conducteur est complètement inconscient de ses actes, ainsi que par ses enfants qui condamnent les comportements de leurs parents quand ils sont dangereux. Et oui la prescription, c'est bien le pouvoir que prennent les enfants, ils reçoivent les mêmes informations télévisées que leurs parents et s'expriment librement, de plus en plus librement. Heureusement tant pour la pub que pour les constructeurs, quelques campagnes, sans grandes folies, dénotent d'une originalité sympathique, des pubs qui parviennent à se dégager des codes de listing d'arguments.

Les évolutions et l'émancipation des mœurs faisant, Peugeot se saisit de la féminisation de l'automobile et de la volonté paritaire, pour sa 106, la nouvelle citadine du Lion, avec une saga vantant le bon sens des femmes et l'attachement à la voiture. Dans l'ensemble de ces spots les hommes cherchent à prendre la voiture de leurs femmes. L'un des plus agressifs est celui du stand de tir, en 1994. Deux femmes, une jeune et une plus âgée, s'entraînent dans un stand qui fait apparaître les cibles autour d'une 106, elles seront d'ailleurs atteintes en pleine tête. Elles échangent sur leurs points communs « *alors vous aussi vous avez une 106 ? – Oui, je l'aime […] — Et bien sûr votre mari essaie de vous la prendre tous les jours […] – Mon mari ?* ». Une cible, un coup de feu en plein cœur « *avant oui, plus maintenant* ». « *Peugeot 106, c'est la première fois que les hommes sont fous de la voiture de leurs femmes* » surplombe une voiture dévoilée en noire, sur fond gris, un code plutôt agressif et masculin pour plaire aux hommes mais aussi aux femmes, l'indépendance, la force, la rage de possessivité qu'elle génère. Elle se veut aventurière et féminine, elle donne envie, engage un attachement et de l'émotion. Les voitures uniquement pratiques et citadines, attribuées aux femmes, se dotent aujourd'hui d'un design, d'un caractère, il faut séduire ces femmes et la conséquence c'est que même les hommes craquent.

Avec le lancement quelques années auparavant de l'Espace chez Renault, la famille est au cœur de l'actualité automobile. Grand coffre et confort des enfants gagnent sur le design. Les enfants, ces enfants rois issus des parents du baby-boom, enfants rois dont les publicitaires vont voir le pouvoir de prescription qu'ils ont, même pour une voiture. Peugeot pour sa 806, présente en 1995, un spot dans lequel deux parents au chevet de leur fils qui a fait un cauchemar, l'enfant raconte « *J'ai rêvé qu'on avait une 806. – Et alors ?* » demande le père, réponse « *et alors je me suis réveillé* » on découvre le petit frère qui se redresse derrière « *C'est là qu'il a hurlé* », puis la sœur « *C'était horrible* ». Les parents se redressent et semblent effrayés. C'est là qu'agit le pouvoir de prescription, eux parents au service de leur progéniture, les deux se levant en pleine nuit pour un cauchemar, c'est bien ces parents-ci qui effraient leurs enfants, à en faire des cauchemars, parce qu'ils n'ont pas une 806. « *Peugeot 806, la voiture que les enfants conseillent* à *leurs parents* » sur un fond de musique de film d'horreur. Une autre version sera avec une petite fille qui fait un masque au concombre à sa mère, qui pour cela a les yeux fermés « *merci ma chérie* ». Elle lui dépose les rondelles, et un bruit à l'extérieur annonce l'arrivée d'une voiture « *oh voilà Papa !* » et la petite fille s'échappe, on découvre la mère avec des rondelles écrivant 806 sur le visage. La manipulation des parents par leurs enfants ; de véritables prescripteurs usant de tous leurs charmes et de l'amour de leurs parents, une tendance claire mais que Peugeot recherche bien à accentuer. Les enfants passent de plus en plus de temps devant la télé et sont ciblés par les pubs pour agir sur les parents.

Les constructeurs s'affirment, les lignes des voitures s'affinent, se courbent, la performance est plus importante que la puissance pure. Le tout est de donner envie, et pour ce faire le listing de techniques seul n'est plus vendeur, il faut attirer une émotion. Le choix est large et donc il faut démontrer que ce modèle est le meilleur, pas le plus ci ou le plus ça, mais le meilleur simplement. C'est l'expression du spot de Peugeot 306 S16 en 1995, un reporter photographie la voiture dans le tournant d'une route, sans doute fermée pour des tests de Peugeot, il se fait attraper par deux gros bras et amener dans un hangar, dans lequel se trouve la voiture. Un homme explique alors que s'il veut espionner la 306 autant qu'il le fasse dans de bonnes conditions et découpe la carrosserie de la moitié de la voiture pour laisser place à son squelette. « *Comme elle va être copiée, autant qu'elle le soit bien, Peugeot 306 S16 – La rivale* ». Clairement la meilleure c'est elle et en plus elle est en avance sur son temps, les voitures de cette catégorie dans les années à venir ne seront qu'une plus ou moins pâle copie de celle-ci, voilà le message envoyé au prospect. De plus il est à noter que l'un des arguments dans cette pub « *ne fait pas de bruit* » en référence aux critiques des voitures françaises quant à la fermeture de leurs portières par les journaux spécialisés qui les comparent au silence des modèle allemands en ce domaine, qu'ils justifient d'un manque de qualité des matériaux des constructeurs français. Anecdotique ? Certainement pas ! En effet cela démontre l'importance du développement de la consommation des journaux spécialisés qui informent le prospect, lui laissant donc la possibilité d'étudier des alternatives et de choisir en conséquences, ainsi une cible non plus de clients directs mais de leader d'opinion se dessine. De plus on remarque dans ce spot une certaine rigidité du décor et des personnages, rigidité souvent clichée des allemands, aussi la 306 correspond à la catégorie de Renault Clio (mixte) et de Golf, succès sans nom de Volkswagen qui domine ce segment, ainsi quand Peugeot dit « *La rivale* » elle définit sa cible, oui Clio mais surtout Golf de Volkswagen. L'internationalisation et la mondialisation, c'est ce que retranscrit au fond la pub, ce n'est plus qu'une compétition interne, les concurrents étrangers, déjà présents, sont une féroce concurrence. Volkswagen justement, le succès de ses modèles est largement revendiqué dans ses pubs, mais sans le dire. Depuis sa campagne de la Coccinelle « *Think Small !* » à New-York, la marque a toujours conservé ce ton publicitaire, rapidement identifiable, elle doit à ses modèles et ce ton un succès et une reconnaissance mondiale de sa communication, qui ne dit que rarement le « *pourquoi c'est mieux* » mais préfère l'image.

En 1990, un fœtus dans le ventre de sa mère, son histoire nous est racontée « *ses parents ont décidé de l'appeler Amélie, c'est joli pour une fille, mais* », nous découvrons que c'est un garçon, « *ses parents la destinent à une grande carrière d'avocate, mais il sera comédien, son papa et sa maman ont tout fait pour qu'elle soit sagittaire* », la voiture démarre, la clé logotée Volkswagen, pour emmener la femme à l'hôpital, « *mais il sera scorpion* » « *si seulement on pouvait compter sur tout comme sur une Golf* ». En 1994, spot anniversaire, « *cette semaine la Golf a 20 ans* », filme les corps de métiers de l'entretien automobile chantant « *Joyeux anniversaire* » très agacés et à contre cœur. « *Et 20 ans sans histoire c'est long* ». Minimaliste et tellement efficace.

En 1996, la marque démontre la solidité de sa Golf cabriolet. Dans un spot où elle subit, en victime collatérale, une manifestation féroce – une petite année après les manifestations de 1995 – le tout sur un fond de musique douce de vacances, le lendemain, toute nettoyée par des canons à eau des équipes municipales, elle dévoile son toit articulé plus rigide que ceux actuellement sur le marché et roule dans la ville ensoleillée. Les arguments sont écrits sur l'écran. Ni le nom de la voiture ni celui de la marque ne sont cités.

Une décennie après les grandes GTi, Volkswagen, une pointe nostalgique, invite ses prospects au plaisir et à ce retour aux sources puritaines avec sa Golf TDi. Son spot : une autoroute vide, deux panneaux électroniques affichant les informations trafic « *circulation fluide* » puis se mettent à discuter « *ça va toi ?...* », une voiture rouge passe à vive allure « *c'était quoi ça ?! – J'ai lu Golf TDi – Un diesel ? Ça m'étonnerait...* » Et les panneaux se disputent, voix-off « *nouvelle Golf TDi 110ch. Le diesel qui mériterait de s'appeler GTi* ».

En 1997 et 1998, deux séries de spots feront la promotion du Sharan, le monospace. La première série, les motards, présente un groupe de motards dans le café d'une aire d'autoroute, silencieux, en pleurs. Fond noir et inscription « *c'est toujours désagréable de se faire doubler par un monospace* » à nouveau un fond noir présentant le véhicule avec la voix-off, rien à ajouter.

On retrouvera les motards dans un groupe de parole, typé alcooliques anonymes. La deuxième série est sous forme de caméra embarquée dans un monospace, avec la famille qui part en vacances, et qui ne parviendra pas à doubler un camion, mais qui se fait doubler par un Sharan. La voix nous dira uniquement « *il n'existe qu'un seul monospace équipé du moteur TDi 110 chevaux, c'est le Sharan Volkswagen* ».

Enfin en 1999, son spot de la Golf présente un client d'œuvres d'art venant voir la nouvelle série d'œuvres d'un artiste conseillé par le gérant de la galerie. Les œuvres sont noires, tristes, toutes les mêmes, le gérant explique que chacun des tableaux raconte un événement précis de sa vie ; quand, au fond, l'œil du client est attiré par un tableau immense, lumineux et plein de couleurs explications du vendeur « *là, tout ce que je sais c'est qu'il a changé de voiture* ». Silence et sur fond noir apparaît le logo « *Volkswagen* » et « *Golf.* ». Avec ce spot et celui de 1996 du cabriolet, Volkswagen voit la tendance au nouveau marketing qui se passe de la diction de la marque. Visionnaire ou non, le temps prouvera sa raison. Volkswagen vend un état d'esprit.

Globalement le marché automobile se complexifie, la forte croissance des décennies précédentes ralentit en partie du fait du taux d'équipement de la population. Aussi les constructeurs étoffent leurs gammes. Ces années sont celles de la segmentation des marques plus que des modèles. Si la folie n'a plus sa place et que le technique est de retour, quels arguments chaque marque peut-elle mettre en avant pour justifier le choix de celle-ci plutôt qu'une autre ?

Les constructeurs vont chacun puiser dans leur ADN de marque, leur origine et définir clairement leur positionnement, certains sont déjà présents dans les mentalités mais « *ce qui se conçoit bien s'énonce clairement* » Descartes. Ainsi dans les catégories de milieu de gamme, Citroën revendique son ADN d'innovation et d'audace, Renault sa culture familiale et ses inventions de voiture, et côté premium, BMW impose sa sportivité, Mercedes-Benz son confort, Volvo signifiera sécurité, et Alfa Roméo, le design, la séduction à l'italienne. Ses ré-identifications, toujours d'actualité, marqueront le besoin d'identification de l'ensemble des marques dans tous les secteurs dans les années 2000. Précurseurs, visionnaires, ou prévisionnistes, les constructeurs l'ayant fait ont en tout cas entamé le mouvement. Peugeot et sa 406 coupé, sacrant l'individualisme, joue d'histoire commune, d'élégance et de grâce, pour son environnement et ses personnages, dans son spot de 1999 « *Le Baiser de l'Hôtel de ville* », photographie historique et culturelle de R. Doisneau, représentatif de ce qu'il reste de beau dans un monde s'excluant de croyances et d'art, se vulgarisant. Ce qui restera dorénavant de beau c'est la voiture et la 406 coupé, citant le photographe « *la beauté échappe aux modes passagères* » R. Doisneau, l'esthétique, le design d'une automobile devient de l'art, un art à part entière, le 8ème art en quelque sorte.

Les jeux vidéo sont dans le cœur des enfants depuis le début des années 1990, Seat utilise, en 1998, le personnage de Lara Croft, grand succès des jeux d'aventures, aux atouts commerciaux particulièrement reconnus par la gente masculine, et joue la jeunesse pour son Ibiza, au nom déjà évocateur. La voiture est celle de l'héroïne, qui est en train de se baigner dans la mer profitant d'un temps de répit ; un jeune homme dans son salon lance sa console et le jeu. L'Ibiza est ce qui permettra à Lara Croft d'être sur l'écran le temps du chargement du jeu. Appel à l'aventure, cette voiture vante sa jeunesse et cible les actifs dynamiques, ceux touchés par le « *pressé, toujours pressé* ».

Renault, historiquement assimilé la famille, va rappeler qu'il invente l'automobile, et que ce n'est pas nouveau, avec son spot de lancement du Kangoo, en 1997. Ce spot présente Renault non seulement comme un inventeur mais comme un casseur de préjugés. Chacun de ses modèles détonants est représenté avec un personnage de cette période disant « *ça ne marchera jamais* » « *décidément chez Renault ils ne feront jamais rien comme tout le monde* » et pour Kangoo « *Et si la 4L du futur c'était Kangoo ?* ».

À noter que deux géants ont dévié ce mouvement identitaire : Audi et Volkswagen. Les raisons et les stratégies sont différentes. Audi, mis à mal avec son spot machiste de 1993, s'attachera à retrouver l'estime du public avec des spots plutôt sobres mais efficaces vantant que rien n'est dû au hasard, qu'une Audi est de haute qualité et qu'il n'est pas nécessaire d'en faire le détail. De plus le constructeur va réserver sa publicité identitaire pour le début des années 2000, une fois les campagnes concurrentes ancrées dans les esprits.

Volkswagen quant à lui n'a en réalité pas de besoin à ce propos. Cette marque s'est identifiée clairement avec sa campagne « *Think Small !* » et a toujours conservé son discours, son ton et son identité, ce qui lui permet déjà dans certains de ses spots de s'accorder le privilège de ne pas montrer la voiture ou de ne pas citer le nom de marque, pas nécessaire aux vues du succès des modèles conservant le même nom au fil des évolutions.

Redéfinition de la publicité devant porter la société

Le nouveau consommateur

Les années 2000 sont marquées par l'expansion de la technologie et celle qui a été parmi les plus révolutionnaires est l'IPod. Avec ce produit, Apple a métamorphosé le rapport à la technologie en intégrant la simplicité, l'intuitivité envers un outil qui semblait complexe. Apple a également fortement influencé le design et les mentalités (des études se concentrent aujourd'hui sur l'impact d'Apple sur la manière de raisonner) Pascal Montfort : « *Apple va imposer une esthétique pure, sensuelle, objet instinctif, l'objet doit faire partie de nous et intégrer notre quotidien* », Stephen Bayley « *je crois qu'à l'avenir les scientifiques commenceront à comprendre que la programmation de l'IPod a en fait modifié les mécanismes du cerveau* ».

Les architectes sont mis en avant avec des monuments fascinants (comme le Musée de Bilbao ou le Guggenheim). Ces constructions ne sont pas anodines, leurs extravagances vont frapper durablement les générations suivantes d'architectes et de designers qui vont vouloir aller en ce sens, plutôt que dans l'idée d'un bâtiment utile, et pratique.

Années 2000, volonté d'innovation mais remise en cause de la société de consommation et de la mondialisation intensive de la culture. Les grandes évolutions de ces années (internet en tête) ont permis à tous un accès à des cultures, des ouvertures à une vitesse impressionnante. Cette globalisation supprime les frontières et développe de nouvelles interrogations, de nouvelles tendances. Les individus voient des fondamentaux se disloquer : 11 septembre et atteinte en plein cœur de la superpuissance du pays autour duquel le monde tourne depuis 50 ans, la puissance et la croissance de la Chine, affichant pourtant un régime totalitaire, la mise en place de la monnaie unique en Europe et donc la perte de la souveraineté sur l'élément économique concret, quotidien, connu de tous, tout cela contribue à de très fortes évolutions identitaires rapides ce qui bouleverse les mentalités et creuse les écarts de compréhension intergénérationnelles.

Les technologies rendent l'accès rapide et aisé pour tous à des quantités d'informations et de divertissements. L'individu est donc de plus en plus à même de connaître les produits présents sur le marché, et il va commencer à l'utiliser de plus en plus pour effectuer ses achats, principalement ceux représentant un budget important. Avec cette tendance mais aussi les prises de conscience environnementales et écologiques, un concept est défini de ce courant : le consom'acteur, présenté en 2001 dans Marketing Magazine par Thierry Maillet dans son article « *Du produit de consommation au produit intelligent* ». Le consommateur est la finalité du marché, le dernier acteur, mais la hiérarchie se transforme en cercle. La demande est exigeante et la concurrence souvent féroce, plus vite, moins cher, mieux, voilà ce que veulent les consommateurs, sinon ils iront à la concurrence. Pour y répondre, de grandes entreprises se sont octroyé quelques passe-droits, les scandales ont éclaté. Tous les secteurs ont été touchés par au moins un scandale (travail des enfants, exploitation d'une main-d'œuvre à un coût rendu ridiculement faible par un régime totalitaire, risques et scandales sanitaires (vache folle,...). Relayée par les médias, l'information est aussi et surtout sur internet, là les curieux pourront trouver des informations sur les marques qu'ils consomment. Le consommateur est responsable et peut faire changer les choses par ses choix de consommation.

En parallèle un modèle économique est dépoussiéré pour le transformer en style de vie : le low-cost naît dès 1948 avec Tati pour le textile et Edouard Leclerc pour l'épicerie en 1949. Les années de croissance qui ont suivi ont laissé végéter ce modèle économique, et l'image du low-cost, hormis pour les marchés Leclerc, avait la vie dure. La stagnation de la croissance, les crises successives ont permis de changer les mentalités. La profusion des offres, des produits, l'envie de tout consommer dépasse les revenus des populations. Ce concept économique est dépoussiéré par le secteur aérien dans les années 2000 avec Ryanair et EasyJet principalement, rendant le ciel et l'Europe accessibles à tous. Les communicants transforment les clients du low-cost en « *consommateurs malins* ».

L'automobile est un produit coûteux, Renault lance avec sa marque Dacia une voiture à (partir de) 7 600 €, argument de vente : le prix seul. Dacia ne prétend pas être tendance, design, jolie, sexy, puissante, mais suffisante. Elle est pratique, basique, nous emmenant d'un point A à un point B dans de bonnes conditions, en famille ou seul, elle répond à la première vocation de la voiture : le transport. Seul sur ce secteur en Europe à ce moment, Renault voulait conquérir les marchés émergents des pays de l'Europe de l'Est venant d'entrer dans l'Union Européenne. Les véhicules low-cost n'étaient pas des nouveautés dans les magazines spécialisés et sur les salons, mais ils restaient aux portes de l'Europe ; la Chine, avec plusieurs modèles, et l'Inde avec la Tata, ne répondaient pas aux critères sécuritaires européens, Logan, première Dacia, si. La crise aura été un formidable vecteur de succès de la marque, crise pour les uns, opportunité pour les autres, Dacia représente en 2013 30 % du chiffre d'affaires du groupe Renault.

« *Impertinence sympathique* » est sans doute le qualificatif le plus juste pour ses publicités, et finalement de la marque au global et de son succès. Le prix, une vraie voiture, c'est l'ordre des arguments de Dacia pour faire connaître son produit. Dacia jouera sur la rationalité ponctuée d'une touche d'humour et stigmatisera ceux qui ne sont pas encore clients, comme le prouve les spots suivants.

Logan « *Le compteur* ». Un homme roule dans sa Logan, quelque chose l'alerte sur ton tableau de bord et il s'arrête sur le bord de la route, regarde son compteur, étonné. Nous découvrons le compteur affichant 200 001 km. L'homme sort son smartphone et prend une photo, vraiment épaté, pensant rêver. « *Dacia Logan 7 600 €, à ce prix-là, on n'imagine pas avoir une voiture aussi fiable.* »

Pour la version break, Logan Mcv, un homme quelconque, supposé père de famille, l'entrepôt d'un magasin d'électroménager et un jeune homme, employé du magasin. Le problème de la machine à laver, bien connu de tous. Pas convaincus, ils retirent le carton et la font rentrer dans le coffre de la voiture, l'homme ne sachant pas où mettre le carton finit par le ranger dans le coffre de la voiture. Tout passe. « *Dacia Logan mcv, 8 990 €, à ce prix-là on n'imagine pas avoir un vrai break.* »

Lodgy, la vérité sort de la bouche des enfants, même s'ils n'ont plus besoin de parler. Quartier résidentiel cosy, le matin, deux familles nombreuses classiques, une avec le monospace Dacia, tout le monde en voiture pour aller à l'école. De l'autre côté, une sportive dans l'allée, « *AmStramGram* » joué par le père face à ses cinq enfants, sous le regard désolé de la famille Lodgy, « *vous trois en voiture, vous deux à pied* ». Les deux familles se saluent normalement. Le regard et la mou de celle qui doit être la petite dernière de la famille Lodgy incarnent les paroles de la voix-off « *pourquoi dépenser plus pour avoir moins d'espace* », aperçu de l'intérieur du Lodgy, qui ne semble pas avoir grand-chose à envier aux autres « *Nouveau Dacia Lodgy, un vrai monospace à partir de 9 900 € seulement* ».

Le paysage des marques automobiles était stable depuis de nombreuses années, l'arrivée d'une nouvelle marque, nouvelle pour la France, avec un positionnement séduisant de nombreux prospects, reste perturbante. Avec l'étoffement progressif de sa gamme, il est temps pour Dacia de redéfinir modèles et cibles. Pub très simple, efficace : un hall de concessionnaire vide dans lequel la marque va nous présenter chaque modèle recevant une pluie d'éléments symboles de son environnement de prédilection et alertant par ce biais la cible correspondante.

« *Chez Dacia nous avons : Conçu Dokkervan* » l'utilitaire sous une pluie de sacs de ciment, « *pour supporter les travaux extrêmes* », « *Elaboré Logan* », la routière sous une pluie de panneaux directionnels de routes et autoroutes, « *pour endurer les kilomètres* », « *Imaginé Duster* », le 4x4 sous une pluie de serpents et feuilles d'arbres « *pour parcourir des routes hostiles* », « *Pensé Lodgy* » le monospace sous une pluie d'ours en peluche, jets de savon, et casques de musique « *à l'épreuve des familles* », « *Et créé Sandero* » la citadine sous une pluie de panneaux signalétiques de ville « *pour affronter le quotidien* ». « *Dacia, une gamme à toute épreuve à partir de 7 700 €* ». Dire les choses simplement, sans détour. Utilisant les codes classiques des pubs, Dacia Sandero est d'abord présentée dans des paysages grandioses, sur un barrage, dans un désert, avec le soleil sublimant ses courbes. Ici c'est la voix qui fait tout le travail « *Nous aurions pu révéler son endurance sur un pont sans fin, prouver sa robustesse sur une route de montagne, démontrer sa fiabilité dans un désert, et laisser le soleil souligner son design* ». Après avoir néanmoins nommé les qualités de la voiture, la pub va prendre tout son sens : le décor est fictif, c'est un studio, la lumière se rallume en crépitant, « *mais pourquoi faire tout ça ? Nouvelle Dacia Sandero, 7 990 €, pas besoin d'en rajouter* ».

Dacia Duster « *Scandaleusement accessible* » 2012. Un couple de trentenaires plutôt tendance et à fort pouvoir d'achat essaye le Duster, en vue de s'équiper du 4x4 de ville, nécessaire de la catégorie sociale à laquelle ils appartiennent. Retour à la concession Renault et avis favorable du couple qui s'intéresse maintenant au budget, réponse du commercial « *à partir de 11 900 €* » le couple, très surpris marque un temps d'arrêt et la femme, choquée, répond avec le ton hautain de la bourgeoisie « *On ne va quand même pas dépenser si peu !* ». « *Dacia Duster, Scandaleusement accessible* ».

2008, année de crise financière puis économique mondiale, la plus importante depuis 1927, fige les acteurs mondiaux. Les dépôts de bilan et mises en cessation de paiement s'accélèrent. La société de consommation est frappée en plein cœur, plusieurs pays vont rentrer en récession, les grandes puissances économiques ne sont pas épargnées. Les crises s'enchaînent, celles du chômage, de la précarité, du pouvoir d'achat. La société capitaliste, de consommation, en grand coupable, avec son impact crée un rejet de ce mode de consommation à outrance, en conséquence les individus cherchent une alternative et vont se tourner vers ce concept qui se développait doucement mais qui va être propulsé, le consom'acteur. Ce dernier veut responsabiliser sa consommation sur tous les plans : économique en premier, mais aussi écologique et environnemental. Consom'acteur également dans les valeurs qu'il porte. La voiture révèle l'état d'esprit de la personne qui la conduit.

Renault joue avec cela dans sa saga de pub pour la Twingo 2 de 2008, sous forme de différents spots affichant les évolutions de société et l'état d'esprit des gens qui sont en Twingo, vivant avec leur temps, dans une société n'évoluant certainement pas suffisamment vite selon Renault, ainsi c'est aussi une fenêtre sur ce que la société pourrait être si nous acceptions d'élargir un peu nos horizons « *bien dans son époque, bien dans sa Twingo* ».

Twingo 2, « *Drag Queen* ». Un groupe d'amis se rendent en boîte de nuit et en arrivant devant, depuis la Twingo le conducteur reconnaît son père qui est en drag queen avec quelques amis, instant d'hésitation pour le jeune homme « *Papa ?* », le père quant à lui se détourne, honteux compte tenu des préjugés de la société, mais réaction inattendue de son fils « *Hé Papa ! Tu peux nous faire entrer ?* » il n'y a pas de honte à avoir.

Twingo 2, « *Mère et fille* ». Circulant dans la ville une mère au volant et sa fille, arrêt au feu, juste à côté du cabaret dans lequel sa fille travaille, sans lui avoir dit bien sûr, et dont elle fait le haut de l'affiche, dénudée, sa mère se tournant vers l'affiche surprise, puis regardant sa fille « *tu as trouvé un travail et tu ne me l'avais même pas dit ?!* ».

Twingo 2, « *Le grand jour* ». Une fille et son père rentrent dans une église, se dirigent vers l'autel. La fille félicite son père et le laisse aller épouser son compagnon. Les jeunes mariés sortent avec un enfant au bras.

Les valeurs se portent et s'imagent, celles de la responsabilité des individus, de leurs prises en compte de l'environnement et de la recherche de valeurs morales et sociétales. Un peu de pureté, de morale et d'éthique dans un monde qui en a perdu tous les sens. Cet état d'esprit est symbolisé par le blanc, faire place nette après tous ces débordements, détournements et excès pour reconstruire une société qui ne vacillera plus dans les obscures facettes de l'être humain.

La personnification

L es années 2000, société de consommation, société de communication, individualisme, biens, après avoir créé l'addiction, la publicité doit aujourd'hui se renouveler pour atteindre les cibles en leurs nouvelles faiblesses, l'émotion, le désir irrationnel.

Les biens dits de « *première nécessité* » ont été multipliés, densifiés, l'argument d'être nécessaire à la survie de l'individu n'est plus intrinsèquement utilisable pour l'automobile. Durant les périodes précédentes, les publicitaires ont su la rendre nécessaire. Mais quelle orientation prendre pour justifier dorénavant l'importance du choix de tel véhicule face aux autres quand sur chacun des segments les exigences européennes et françaises ont atteint le palier de rationalité du choix du consommateur ? Effectivement si l'on est rationnel, les voitures sont sûres, pratiques, répondent pleinement au besoin basique, permettant un déplacement dans de bonnes conditions pour l'ensemble de la famille. Le prix devrait donc être le levier de décision, mais hors low-cost il ne suffit pas. En parallèle les designs évoluent et s'affirment, les marques se distinguent clairement.

La nouvelle orientation des publicitaires est de se focaliser sur le conducteur, le propriétaire, celui qui finalement doit être en phase avec sa voiture, avec son choix. Pour créer le besoin il faut déclencher un désir puissant se basant sur les sentiments, les émotions irrationnelles. Ces émotions viennent du cœur et s'attachent aux individus, et subitement bouleversent nos vies par leurs uniques présences, ces émotions sont universelles et traversent donc les classes sociales et d'âges, il s'agit de la passion, de l'amour. Le lien avait déjà été fait, principalement pour la cible masculine à qui l'on reconnaît une relation particulière à l'automobile depuis sa création, les femmes représentent la moitié du marché, et l'homme a changé, ainsi que la société, les techniques d'approche doivent être revues. La publicité doit aujourd'hui donc se renouveler. Avec les nombreux événements des premières années de la décennie, le besoin est également sur le calme, un endroit où l'on est bien, plus seulement sur la sécurité et la fiabilité, mais sur le concept d'un lieu dans lequel on est en paix, qui nous apporte sérénité et bien-être et sur lequel on puisse compter. Pour cela elle va devoir s'approcher au plus près de notre personnalité, ou de ce que l'on aimerait qu'elle soit.

Pour aller en ce sens l'angle de vue et le rapport entre l'individu et sa voiture doivent être revus. Pour justifier d'un sentiment il faut donner vie à la voiture, la doter d'un genre, d'une allure, d'un caractère, d'une personnalité, et habiller cette personne, détacher la voiture de son prix et de l'investissement que cela représente, une personnalité n'a pas de prix. La voiture n'est plus utilitaire mais la complice de chacun au quotidien, un élément reflet, porteur et complétant notre personnalité.

La complicité, l'instant de compréhension parfaite, secret entre deux personnes qui sont en parfaite harmonie, Seat l'exprime par son Ibiza en 2007 et sa campagne « *des rituels différents, un plaisir unique* » incluant la notion de communauté, présente généralement autour des passions, mais ici d'une passion pour un produit grand public, sans distinction particulière hormis bien sûr l'émotion provoquée. Dans ce spot plusieurs personnages bien différents, une femme, simple, sortant du travail, un homme marié, père, qui vient de déposer son enfant à l'école, un homme sans doute célibataire, séducteur latin, et un jeune homme, peut-être jeune conducteur. Chacun monte dans sa voiture et dévoile à ce moment sa personnalité : le mari qui retire son alliance, signifiant sa relation à sa voiture, la femme remonte sa robe pour libérer ses mouvements et enfile ses gants de pilote, le séducteur choisit dans sa panoplie la paire de lunettes de soleil adéquate, et le jeune enfonce sa casquette de sport et salue sa figurine porte-bonheur. Une fois ces rituels effectués, la caméra se concentre sur les regards des conducteurs et en leurs yeux se lit le même plaisir, la même excitation complice, la même attente. Chacun démarre. La signature, d'une voix pleine des chaleurs du sud finit le spot « *auto emoción* », rien à ajouter. La question est : parle-t-on réellement, seulement d'une voiture ? La réponse se devine, mais Seat ne l'apportera que l'année suivante dans son spot de la Léon, usant d'une nouvelle arme marketing, le blanc, déjà phénomène de société.

Effectivement maintenant que la société et les publicitaires ont su rendre nécessaire ce qui ne l'était pas, ces biens qui nous permettent de rentrer dans les moules de la société, faire que sans ces biens nous ne pouvons pas correspondre à une place dans la société, l'objectif devient, par la niche de la ré-identification de chacun, de faire que sans certaines choses nous ne pouvons plus être tout simplement car elles font partie de nous. Aussi qualifiés de retour aux sources, ces courants de tentatives de fuite de la mondialisation sont nombreux. Ils jouent sur le naturel, la pureté, comme le biologique, sous couvert des enjeux et de la prise de conscience écologique et sanitaire associée. La pureté est symbolisée par le blanc. Cette teinte induit aussi une certaine authenticité, une simplicité dépourvue de tout artifice, la renaissance. Le noir jusqu'à présent représentatif de la qualité et du haut de gamme et de la sobriété, est aussi la couleur connue pour sa capacité à camoufler les défauts, et aplanir les courbes et adoucir les angles. Le blanc, lumineux, est un outil de démarcation fort, l'audacieux Apple s'est emparé de cette teinte pour faire ressortir ses produits avant même que leurs performances et leurs simplicités d'utilisation soient présentées. Cette couleur va devenir l'emblème de ceux qui veulent se détacher de la mondialisation affichée. Les décorations d'intérieurs s'épurent, les tissus sont présentés au plus simple, comme un assainissement de la personne et de sa consommation. Le culturisme se développe et la course à la perfection, qui est pourtant le symbole même de la société de consommation, se prévaut d'être le moyen de reprendre le contrôle de nous-mêmes face à cette sur-consommation, « *bien dans son corps bien dans sa tête* », mais comme le veut la société, « *pour être tel que vous le souhaitez* ».

À force d'épurer, de lisser chacun des pans de nos vies, ce sont les individus eux-mêmes qui ont perdu tout relief, alors une fois la société aseptisée, finalement la tendance à l'épuration extrême n'était-elle pas qu'un outil marketing afin de faire revenir en force une sensation de personnalité et capacité à se démarquer ? La puissance du design et la personnification, pour ajouter de la valeur par les sentiments et la démonstration de caractère affiché par l'ultra-personnalisation vont changer l'approche de l'automobile qui n'est plus utile mais qui sera dorénavant un complément de nous.

La mode du blanc a conquis les marchés, l'automobile ne s'en est pas privée. Les technologies hybrides au début, puis l'ensemble des motorisations aujourd'hui. Les voitures prennent du poids, du caractère, des courbes, des rondeurs qui nous charment, ces nouvelles lignes fascinent autant que les nouvelles technologies. Captant notre attention, elles se dessinent un regard, une agressivité plus ou moins latente, se présentent en blanc nacré, perlé, polaire, ou laiteux, pur. Léon, grande sœur de la Seat Ibiza surfe sur cette tendance dans son spot de 2008 et l'allie avec la personnification d'une voiture blanche affirmée, plus lourde, plus stable, ne se cachant sous aucun artifice. Seat Léon 2008 « *laissez-vous posséder* » ou quelle est la véritable signification de l'achat d'une voiture. Léon, c'est la passion qui nous anime. Un homme, la trentaine, parcourt tous types de paysage avec sa voiture, de jour comme de nuit. Durant la pub une voix masculine grave nous explique ce qui se passe pour cet homme, tel un sage qui nous dévoilerait la vérité sur un culte. « *Quand on y réfléchit, acheter une voiture c'est un peu comme acheter une nouvelle partie de soi-même, quelque chose qui vous appartient mais qui ne fait pas partie de votre corps.* » le message, la révélation, le pourquoi de cette passion. Puis voici les conséquences, les contraintes « *Vous achetez l'engagement* de vous occuper d'elle, de l'entretenir, de l'utiliser même quand vous n'en avez pas besoin. Vous achetez l'obligation de la nourrir, le devoir de la nettoyer, l'obsession de ne pas laisser les autres la salir. Vous achetez la peur de la perdre, que quelqu'un vous la prenne. Vous achetez l'obsession de la garder toujours impeccable, l'inquiétude de lui trouver une place. Vous achetez le besoin de la comparer aux autres. Mais peu importe vous l'achetez… » car toute passion, toute relation impacte notre vie, notre quotidien, mais pour une profonde passion nous les acceptons, et ici c'est ce langage qui est clairement tenu, pour une voiture, et ses contraintes qui sont pourtant importantes quant à la décision d'achat : « *obligation de la nourrir* » ou consommation, « *l'obsession de la garder toujours impeccable* » ou l'entretien sur tous les plans, « *l'inquiétude de lui trouver une place* » ou facilité de parking, qui est une véritable contrainte de la vie citadine. Comment justifier d'exprimer si clairement les contraintes posées pour l'achat, la détention d'une voiture ? « *Parce que les meilleures choses dans la vie ne sont pas celles qu'on possède mais celles qui nous possèdent.* » définition même de la passion, car ce sont ces choses qui nous motivent, qui nous font avancer. Ces passions qui sont normalement dans l'amour porté à nos proches, ou dans une activité dans laquelle nous nous réalisons, ici c'est cette Léon qui nous fait vibrer, qui prend le contrôle. Cette dernière phrase est entendue au moment où le conducteur regarde la caméra et donc le récepteur du message qui comprend par ce regard que ce jeune homme n'a pas de destination, il ne peut s'empêcher de conduire et le pouvoir que Léon a sur lui. Non, non, nous ne parlons plus uniquement d'une voiture, mais de celle qui nous comprend, nous habite, ELLE dont nous sommes en fait dépendants. Cette compacte blanche représente la liberté et pourtant la dépendance, mais à une passion. « *Vous achetez l'engagement de vous occuper d'elle* », elle crée aussi le parallèle avec les engagements que nous prenons dans notre vie et place la voiture comme l'une des choses les plus importantes dans nos vies, « *Seat, auto emoción* ».

Le pouvoir de la voiture et sa personnification sont repris dans le spot de lancement de la Peugeot RCZ en 2010. La course d'un homme essayant d'échapper à une voiture roulant seule dans la nuit noire dévoilée uniquement par les jeux de lumière des lampadaires et de ses phares. RCZ arpente les rues à la recherche de sa nouvelle cible ; un homme marche, traverse la rue, repéré par RCZ il s'arrête sentant son regard sur lui, un léger sourire, séduit et flatté il essaie de résister en s'enfuyant. Une course s'entreprend, ils se retrouvent sur le toit d'un parking. Fond noir « *elle vous choisit, elle vous possède* ». Elle, cette incarnation de votre passion, de ce dont vous rêviez, confusion entre le pouvoir de séduction d'une femme et la voiture. Ils repartent, en direction du nouveau jour dont les prémices apparaissent et nous dévoilent plus distinctement les courbes de cette nouvelle voiture.

Alfa Romeo Giulietta. L'ensemble de ses spots la dévoile en blanc et ce sont les jeux de lumières qui nous dévoileront les facettes de sa personnalité. 2010, lancement de Giulietta. Cette publicité dévoile la nouvelle compacte d'Alfa Romeo, renouveau de la Giulietta des années 1950/1960. Uma Thurman, conductrice dans la pub ne fait en réalité qu'une avec la voiture, elle parle en son nom ou inversement *« Je suis Giulietta »*. Cette actrice emblématique des films de Tarantino (Kill Bill), représente la force (physique par les combats et de caractère), la détermination ce qui est englobé dans une image de stabilité et de féminité. Sobre, un maquillage nude, une robe simple mettent en avant la beauté intrinsèque de la personne et suppriment toute tentative de dissimulation de la réalité, la beauté au naturel. En parallèle la voiture est présentée dans un blanc nacré, faisant ressortir de nombreuses nuances. L'alliance des deux incarne la simplicité et l'authenticité, rien à cacher pour une voiture qui dévoile ses formes, son caractère, sa luminosité dans un paysage assombri soit par l'orage soit par la nuit. Chacun des éléments évoqués de la voiture est présenté par une parole de Giulietta, associée à une image symbolique soulignée par la traduction de l'équipement ou de la particularité du véhicule. *« Je suis la vie »* = ESP (Electronic Stability Program) de série. Pourtant classique comme équipement il est néanmoins le garant de la sécurité des occupants et du conducteur. Visuellement cela se traduit par une femme vêtue d'une longue robe blanche fluide avançant dans l'eau, image représentative de la déesse. *« Je suis la beauté »* = nouvelle architecture compacte. Réputé pour ses qualités de design Alfa Romeo joue en plein sa personnalité italienne. La beauté, la véritable, se suffit à elle-même et se démarque naturellement. L'actrice est présentée sur un fond sombre, avec un plafond d'eau qui la reflète. Les jeux d'ombres et de lumière dévoilent uniquement son visage ; dépourvus de forts artifices, ses yeux retiennent toute l'attention. Le visage est le reflet de la personnalité et les yeux les portes de l'âme, malgré la suppression du moindre défaut, l'orientation du visage et le détournement du regard ajoutent une puissance presque palpable à cette personnalité, impossible à capturer. L'image, version voiture cette fois, justifie ce propos sur un fond assombri par un orage, la voiture en est le point lumineux, solide face aux tourments elle stabilise l'œil du spectateur. Le mouvement de la voiture et de l'image inspirent la sécurité exprimée dans la citation précédente. *« Je suis la technologie »* = la pointe de la technologie donnant un instinct à la voiture. La lumière est cette fois portée par le faisceau utilisé comme arme de combat, rappelant Kill Bill. Uma Thurman ici maîtrise la barre après l'avoir fait tournoyer, l'amenant sous ses yeux, par conséquent illuminés, dans un fond toujours noir, et replaçant le regard du spectateur dans celui de l'actrice. L'ensemble de ces éléments est concentré dans l'image suivante, celle de la voiture freinant de manière quasi instantanée, dans un contexte citadin mais sombre, la nuit, la technologie pour une sécurité optimale. Uma Thurman sort, et s'éloigne, ne laissant que Giulietta parler dans une voix s'évaporant *« Je suis Giulietta et je suis faite de la même matière que les rêves »* reprenant Shakespeare alliant donc au charme de la ligne italienne, une densité, la profondeur d'une référence culturelle forte, image de l'amour, de la passion et de leurs puissances dominant la raison humaine, et citation pourtant méconnue du grand public. La phrase authentique se matérialise à l'image au fil de la diction, puis s'évapore comme sa voix, comme l'image de la voiture devenant floue, incarnant pleinement le rêve, intouchable. La citation sur fond noir laisse place au logo Alfa Romeo soutenu par Giulietta qui est le point de captation de l'image, souligné par sa nouvelle signature *« Sans cœur nous ne serions que des machines »* avec la voix qui a perdu sa représentation purement humaine quelques secondes auparavant et qui est celle de Giulietta. La signature s'étend sur chaque côté et offre le temps d'un instant une image de pyramide Alfa Romeo-Giulietta-Serions. Ce spot est représentatif de l'humanisation, de la vie qui est donnée à une voiture pourtant objet neutre. Une personnalité forte, même si ce terme est régulièrement employé pour décrire une voiture cette fois, elle a une voix, et l'actrice qui doit participer à la mise en avant du véhicule, au glamour de son design est finalement effacée au fil de la pub, le personnage principal est bien Giulietta la voiture et non quelqu'un d'autre. La constitution d'un sentiment sur cette voiture, de se rapprocher au plus près d'un sentiment assimilé à de l'amour est le but recherché auprès du récepteur. On ne parle pas d'une voiture mais d'une femme qui sera soit la femme parfaite de l'homme mais aussi et surtout l'incarnation de la personnalité de la femme conduisant cette voiture. Jouer des codes charnels et de séduction de la féminité pour une cible mixte, en assimilant un genre au véhicule.

La continuité de la personnification de la Giulietta se dessine dans les déclinaisons des années suivant son lancement. Dans la version 2012 *« Aime-moi »*, Giulietta parle seule, plus d'ambiguïté ni d'incarnation. Changement de ton, elle implique le récepteur, non plus dans sa description mais dans la relation qu'ils ont ensemble, après le faire connaître et faire aimer, Giulietta est dans le faire agir. Les verbes sont directeurs, impératifs, et déclinent l'ensemble des aspects d'une relation amoureuse et passionnée, appuyée par l'alternance d'images intimes, de l'émotion du souvenir d'une relation. *« regarde-moi, touche-moi, effleure-moi »* Giulietta de l'extérieur à l'intérieur et passant par l'image d'une femme laissant sa main parcourir ses épaules nues concrétisant un souvenir ; *« possède-moi, contrôle-moi »* et cette fois l'instant d'une femme caressant le cou de son compagnon, la voix s'accélère et le ton aussi, expressions de l'émotion engendrée, *« exalte-moi »*, crépuscule et Giulietta avance, nous entrainant dans la nuit, « *ressens-moi* » une chevelure agitée par le vent signifiant les effluves de parfums que l'on pourrait presque sentir, la voiture se dessine en arrière-plan, « *protège-moi* » les enfants dans le coffre sous la pluie, nous sommes tous des grands enfants qui finalement ne recherchons que la protection apportée par l'autre soit au premier sens du terme, être rassuré par sa présence, soit par l'assurance que l'autre nous insuffle et qui nous permet d'avancer. « *déteste-moi* », la passion mène aux extrêmes, sur l'image, un homme court après Giulietta, l'angle empêche de voir un conducteur, une femme sans aucun doute, « *quitte-moi* », une femme claque violement la portière de la voiture, cela avec une voix continuant sa montée en puissance, « *aime-moi* », baiser d'un couple, voix qui retombe, rassurée, apaisée, Giulietta roule dans la nuit, et s'enfonce dans une entrée de garage, «*retiens-moi* » coup de frein de la voiture. Les sentiments sont mis en exergue dans ce spot, les extrêmes ressentis qui expriment cette dépendance à une passion, le contrôle que cela a sur l'individu. D'une voix complice « *Je suis Giulietta, mieux que des mots, essaie-moi* », ce final est délicat, car peut être mal interprété. Effectivement une passion malgré tout le dictionnaire ne peut se décrire par des mots, le vecteur de communication de la passion est d'initier l'autre, ainsi le déclencheur est l'essai de la voiture, cependant dans un spot se focalisant sur la relation passionnée entre Giulietta et le conducteur, le terme « *essai* » peut être dégradant.

Identification et personnalisation

C'est une décennie de synthèse, de mouvement de globalisation de tout (design, mode, architecture,…) qui développe une besoin identitaire. *« Dans cette situation de design global, il est important pour les marques de retrouver leurs singularités, une identité propre à elles-mêmes et à leurs pays d'origine. »* Pascal Montfort. Dans ce paysage une brèche s'ouvre, celle de la personnalité, de la personnalisation. En France cela va se retrouver fortement dans l'agroalimentaire dans un premier temps, avec la création de labels garantissant l'origine, le lieu de production, le made in France, les identifications régionales, la promotion de ces produits au sein même de marques de distributeurs (Leclerc et *« Nos Régions ont du talent »*). Cela ne se limite pas à l'agroalimentaire et les marques régionales se développent en relançant la fierté d'appartenance, l'identité d'une région avec pour le sud-ouest la marque 64, la Bretagne avec Breizh et la Bigoudène, l'Auvergne avec Yaka'y, par exemple. La puissance de ces marques se porte rapidement à l'automobile en l'utilisant comme vecteur d'identité avec la série de Peugeot 207 64, et de manière plus informelle l'émergence des autocollants de la Bigoudène et du Bougnat.

L'innovation et l'audace font partie de l'ADN de marque de Citroën. La famille DS relancée depuis un an avec la DS3, représentant la belle époque de Citroën dans les années 50 avec la voiture emblématique de son succès. Le concept de la gamme DS nouvelle génération est une stratégie inédite au sein des constructeurs, et donc la communication allant avec doit être vecteur de ce décalage. Pour vendre un produit il est difficile de lui associer le mot *« NON »*, pourtant c'est l'axe retenu. Dans un premier temps, pour annoncer la DS4 ce sera un teaser afin de créer l'attente, la curiosité. Un petit enfant parlant à peine dans sa baignoire dit *« Non »* et son père le filmant lui pose la question pour savoir ce que son fils veut en lui faisant des propositions *« tu veux un tricycle ? »* — *« Non »* — *« tu veux un poney ? Tu veux une berline ? »* « non non non », *« tu veux un vélo ? »* « non » *« un 4x4, tu veux un 4x4 ? »* « non non non » *« tu veux un coupé ? »* « non, non » *« tu veux un cabriolet ? »* « non non » *« tu veux une limousine ? »* « non non » *« tu veux une voiture de sport ? »* « non non » *« une voiture allemande ? »* « non non » puis fond blanc *« réapprenez à dire non »* *« mai 2011 »* et le logo Citroën. Puis le spot de lancement *« Non au conformisme »*. Pour amener le *« non »*, la pub montre que nous disons toujours *« oui »*, et la dérision de cela. En effet la voix présente la réalité de ceux qui disent toujours oui et qui représentent la société d'aujourd'hui, le non y est banni. *« Nous disons oui à tout »* sur une image de troupeaux de moutons, caricature classique de la société de consommation, « *je dis oui tu dis oui, nous disons tous oui* » pas de stigmatisation mais montrer au récepteur que dans un premier temps nous sommes tous pareils, « *tu peux travailler dimanche ? Oui patron. Tu veux obéir aux ordres ? Oui chef ! Tu veux venir faire du shopping avec moi ? Oui, oui, bien sûr que oui ! Tous ensemble, je dis oui à tout !* » puis la voix ne s'adresse plus qu'au récepteur, lui qui est unique « *Qu'est-ce que vous voulez ? De l'amour, de l'argent, du pouvoir ? Combien de fois avez-vous dit oui ? Cinq, six, dix mille ? Vous êtes celui qui dit toujours oui ! Bougez la tête de haut en bas, de haut en bas…* », enchaînement des tons interrogatifs, puis affirmatifs démontrant le ridicule, puis impératifs, qui pousse le récepteur à envisager une action conséquente. La succession rapide des images, représentant aussi la perte de pouvoir et de capacité de prise de décisions, fatiguent l'œil comme une sorte d'hypnose, le cerveau recherche alors à l'image, puisque ne pouvant détourner le regard, une stabilité « *dans votre vie vous dites tout le temps oui…* » et une solution est proposée « *mais avez-vous déjà essayé de dire Non ?* » puis apportée par une image stable et douce, avec une musique calme concrétisant la solution « *non au conformisme, pour une voiture qui ne ressemble à aucune autre* » accompagnée par le fond sonore « *I love you so* ». Cette publicité explique au récepteur qu'il a du pouvoir du moins s'il le veut et s'il veut reprendre sa vie en main, que sa personnalité passe par l'achat de cette voiture qui ne correspond qu'à ceux qui sont suffisamment assurés pour être capable d'assumer leur personnalité, pleine et entière, même si elle a des défauts. La qualité et la perfection ce n'est pas de dire oui mais d'être capable de dire non. Votre voiture en dit long sur vous, votre personnalité, votre identité.

Dans cette nouvelle gamme de Citroën, la DS3 reprend les codes de la première DS des années 50. En 2010, Citroën s'insère sur le marché de la citadine caractérielle, chic, dominé par Mini. Le néo-rétro est très tendance, mais l'axe de communication de la marque aux chevrons est de justement jouer sur l'anti-rétro, vivre avec son temps, et pour cela elle va faire parler les icônes des années 50/60 Marylin Monroe et John Lennon pour le lancement en 2010. Ces derniers expliquent que le rétro finalement est triste et ringard, qu'il faut vivre avec son temps, attaquant directement Mini. Marylin Monroe « *Je ne comprends pas pourquoi tant de gens vivent dans le passé. Ce n'est pas parce qu'on était plus jeune que c'était mieux. Vous devez inventer vos icônes, votre mode de vie. La nostalgie n'est pas glamour. Si j'avais une seule chose à dire c'est : vivez votre vie, maintenant.* » ; John Lennon « *Le passé c'est le passé. Pourquoi cette nostalgie des années 60, 70 ? Rechercher l'inspiration en regardant en arrière, en copiant le passé, ce n'est pas rock'n'roll. Soyez*

*vous-même, faites quelques chose de nouveau. Viviez votre vie maintenant...
si vous voyez ce que je veux dire.* ». Finalement si eux sont devenus
des icônes c'est bien parce qu'ils ont innové en leur temps et donc le meilleur
hommage pour leurs partisans est bien de continuer sur cette dynamique
et non de maintenir leurs innovations comme actuelles, vivre avec son temps
clairement. L'intelligence de ces deux spots est d'utiliser des images d'époques,
des icônes qui parlent à tous et qui interpellent directement le récepteur.

Si l'on suit les tendances de modes en parallèle, Citroën a clairement vu
à moyen terme. Le néo-rétro, mode pendant un temps, a évolué en utilisant
des marqueurs forts du rétro en les revisitant complétement et souvent
en les associant à des éléments très modernes, ainsi l'anti-rétro de Citroën
se retrouve dans les collections de vêtements, bijoux quelques mois, quelques
saisons plus tard. Sur un deuxième plan le message est que ces DS, malgré
l'utilisation du nom assimilé au passé, n'ont rien à voir avec le passé (la seule
allusion est le toit de couleur différente). Le seul véritable point commun
est l'innovation associée à DS, une première fois dans les années 50, puis
nouvelle révolution automobile en 2010, faisant de DS une marque de rupture
plutôt qu'un modèle nostalgique. Une troisième icône de ces années est
associée à DS3, Alfred Hitchcock, dans le spot sur la série limitée noir mat.
Incarnation des films effrayants de ces années, il prend la parole comme pour
annoncer ses films de l'époque, cette fois en exposant à quel point la DS est
sombre. Elle est terrifiante « *si sombre, élégante et sophistiquée qu'à côté
d'elle la nuit a l'air d'une pauvre fille mal fagotée, elle va devenir votre
obsession la plus excitante, et maintenant bonne nuit si je puis dire* » élevant
la voiture au niveau de ses films.

Cette voiture est proposée avec un large éventail d'options, de couleurs,
de compositions, correspondant au nouveau marché de l'ultra personnalisation.
En clair, vous en avez marre de ressembler à tout le monde, voici la voiture
qui non seulement a un caractère affirmé, mais ce qui fait sa personnalité
c'est vous, selon vos goûts, vos choix, votre propre personnalité. Une voiture
grand public et pourtant unique. Dans un second spot avec Alfred Hitchcock
« *Hitch-Pop* » cette icône présentera les versions colorées exprimant son
ras le bol du noir, du sombre, en total décalage avec le personnage. Parfaite
cohérence de l'utilisation des icônes rétro, icônes car elles vivaient avec leur
temps et ont fait évoluer les choses, pour amener à l'argument commercial
véritable de cette voiture, l'ultra personnalisation pour afficher clairement
votre personnalité et votre caractère. Twins « *l'ultra-personnalisation* » : deux
jumelles, parfaitement identiques, basiques, habillées simplement (ballerines,
jeans, tee-shirts marinière) et coupe de cheveux quelconque, finalement celles

que l'on pourrait voir tous les jours. Pourtant deux jumelles n'ont pas la même personnalité, tests et terrains d'expression libre, enchaînement d'essayages de vêtements, l'une se coupe les cheveux, l'autre les met dans tous les sens, essais de maquillages colorés, chacune a trouvé son style, sa tenue, ce qui retranscrit le mieux l'éruption de sa personnalité. Deux jumelles tellement différentes, assumées et pleines de relief, du caractère ! Expérience similaire sur deux DS3 qui n'arrêtent pas de changer de couleurs, carrosseries et toits dissociés, à la place des jumelles. Malgré les développements des nouvelles campagnes DS3 classiques, Citroën revient dans l'icône passée avec Yves Saint-Laurent pour le lancement de sa version cabriolet. Jouant sur la cible classique des petits cabriolets, la bourgeoisie féminine, DS3 Cabrio veut, non pas se priver de cette cible, mais montrer que les habitudes sont ennuyeuses « *non je déteste les bourgeoises, je déteste leur esprit, leur intransigeance... elles ne s'habillent pas elles sont très ennuyeuses, bien peignées, bien coiffées...* » cassez les codes, soyez vous-même, ayez l'esprit libre, avec une nouvelle signature « *anti-uniforme* ».

La ligne de conduite est bien celle de la différenciation, pas dans le seul but d'être différent mais bien de respecter la personnalité de chacun, l'affirmation de soi et avec le développement de la communauté DS. La personnalisation va se retrouver au sein des autres tendances pour en devenir un attribut. La tendance néo-rétro reste d'actualité et Fiat dans la continuité de Citroën ressort son modèle phare de citadine : la 500, mais opte pour le charme du rétro. Elle invoque la personnalisation et l'identification tant dans son spot de lancement avec les emballages des pots de yaourt, son surnom, que dans son spot de continuité « *Auto/portrait* ».

Le sentiment

Durant ces années, l'offre est tellement vaste que le consommateur va faire de son plaisir l'un des critères les plus importants. La stagnation économique et la crise de 2008 ont certes dépoussiéré le low-cost et favorisé Dacia mais cela a été possible car les performances des produits ne causaient pas de contraintes importantes quant au service premier d'une voiture pour une cible n'ayant pas un intérêt fort pour la voiture ; cependant les marques premium, Audi et BMW en tête ne se sont jamais aussi bien portées, leurs ventes et leurs bénéfices explosent, et cela ne vient pas seulement de la qualité de leurs produits. Effectivement ces marques, ayant leurs positionnements et leurs valeurs ancrés dans les esprits, axent leurs communication sur l'effort fait pour le conducteur, le fait que c'est avant tout le conducteur qui compte dans la voiture, ils ont déjà démontré l'intérêt qu'ils portaient aux passagers. Pour BMW ce sera « *la joie* » nouvelle signature venant compléter « *le plaisir de conduire* ». Les spots mettent en avant le plaisir des conducteurs de tous types, femmes, hommes, personnes jeunes, ou plus mûres, des enfants, ayant tous un point commun la joie qu'offre une BMW. « *Plus que des voitures chez BMW nous créons de la joie* » spot haut en couleurs démontrant l'importance de ce sentiment si commun et pourtant que la société semble avoir perdu ou qu'elle ne peut plus nous offrir. « *La joie est pour tous, elle est visionnaire* » des spots ne présentant pas essentiellement un modèle mais une marque et c'est bien là le vecteur commun de communication mondiale aujourd'hui, le seul langage compréhensible de tout le monde, de toutes les couches sociales. Les marques permettent un dialogue au-delà des nationalités et barrières de langues. Le plaisir d'une passion réside dans la densité que nous lui donnons en la vivant pleinement et surtout en la partageant, et pour cela il faut communiquer.

Les spots Audi A3 et A1 2013 sont exactement dans le même univers car ce n'est pas tant le modèle présenté qui compte le plus mais l'univers auquel la marque fait référence, très dynamique et ludique, la tendance d'Audi est donnée et c'est ce dont on va se souvenir après la marque. Le vecteur est ici encore la marque plus que le modèle.

Ces sentiments de dynamisme et de joie, de plaisir permettent de parler au plus grand nombre et par cela de démontrer le point commun et donc la connexion possible entre ces amateurs, clients et prospects, c'est une communauté qui se créée et l'appartenance associée. C'est là-dessus que jouent les marques premium, qui n'ont plus tant à convaincre des cibles catégorisées par revenus, moyens de consommation et autres segmentations classiques mais par styles de vie, aspirations et désirs.

La communauté a été complètement revisitée et redéfinie par les réseaux sociaux et l'individu qui ne savait plus vraiment où cela était, et ce sans les contraintes de clubs physiques, cela a permis de redévelopper un sentiment d'appartenance complètement adapté à son besoin de relations et d'identité en conservant sa liberté d'action, de temps, de choix, et d'implication avec un engagement moindre.

Clairement avec ces tendances, la publicité automobile a su analyser des phénomènes de société et surtout des tendances et des niches de communication, ainsi elle agit et impacte la société en accélérant les tendances sur lesquelles elle veut voguer. Rien à voir avec les périodes précédentes, elle agit aujourd'hui tel un spectre accélérateur de phénomènes de société, un marionnettiste nous offre un moyen de sortir de notre quotidien par un lieu que nous chérirons car c'est là que l'on se sent bien.

Conclusion

Comme nous l'avons vu la publicité automobile a connu de profondes évolutions, en lien avec la société. Particulièrement avec la formidable évolution des mœurs, et l'instauration de la société de consommation. Après avoir joué un rôle éducatif pour la période d'équipement, elle va développer une personnalité et prendre un véritable pouvoir de promotion et de marqueur d'identité de produits en utilisant des phénomènes sociétaux tels que le fossé des mentalités avec le spot de la Citroën GSx de 1974 « *être soi-même* », novateur puisqu'il faudra attendre la deuxième partie des années 1980 pour revoir une certaine folie dans les pubs avec les GTi. L'intervention de la règlementation en 1992 donne un coup de frein à l'exubérance des publicitaires et les constructeurs vont s'appliquer à définir clairement leurs identités et leurs positionnements sur le marché, cette décennie et le début des années 2000 sont marqués d'un certain ennui publicitaire. Les crises des années 2000 accentuent la remise en cause de la société de consommation et font naître le concept du consom'acteur qui met en avant la puissance que le consommateur a sur les marques, ainsi que le rôle qu'il a à jouer, cela va forcer les marques à revoir leurs discours et leurs manières de communiquer avec lui, pour démontrer l'intérêt de les consommer en développant une vision et un état d'esprit dans lesquels le prospect doit se reconnaitre et deviendra en conséquence un consommateur. Les constructeurs automobiles avec les publicitaires ont repensé leurs stratégies en redéfinissant l'objet même de leurs publicités. Ils vont faire de la voiture le reflet du conducteur et exposent la relation à la voiture, en axant sur le sentiment et la passion. Seat Léon et Peugeot RCZ useront du pouvoir de la voiture sur l'individu avec l'idée que la voiture nous choisit et nous possède ; Alfa Romeo Giulietta confondant la voiture et la femme démontre que la voiture a un cœur, et Citroën DS veut que l'on assume notre personnalité. Outre ces nouveaux messages, les publicités dévoilent une autre tendance, celle de l'effacement des marques. Effectivement, avec la quantité de signaux publicitaires reçus par l'individu par jour, le cerveau s'est adapté et néglige de plus en plus de messages publicitaires, de manière tout à fait inconsciente pour la personne. La surdose de pubs, qualifiée de pollution visuelle, oblige les marques à trouver un nouveau moyen de promotion sans que le message soit directement délivré par elles-mêmes. Apple a clairement anticipé ce créneau avec ses écouteurs blancs pour l'IPod car aujourd'hui nos cerveaux assimilent des écouteurs blancs à Apple sans même que la marque ne soit exposée. Aussi la musique de marque a pris une place cruciale et l'identité sonore est le marqueur des spots télévisés, en effet lorsque le logo apparait en fin de pub, l'identité sonore a pris la place d'un message « *nom de marque – nom de produit* ». La pub 208 Pinocchio de 2013 de Peugeot l'illustre parfaitement. Cela note de l'évolution du marketing et de son application à l'automobile. Avec la campagne corporate Peugeot « *Design and Driving* » de 2013, et l'accent mis sur les sensations apportées par la voiture, la tendance ne serait-elle pas à appliquer un marketing des services à la promotion d'un produit ? Dans le cas des campagnes Peugeot 208 de 2012 « *Let your body drive* », Corporate, 308, 208, de 2013, et 208 de 2014, l'objet vendu est la sensation offerte par la conduite de la voiture, et donc finalement n'est-ce pas transformer un service, qui par définition est éphémère, en durable ?

Épilogue

Aujourd'hui, à quoi sert la publicité automobile ?

Aujourd'hui la société est plutôt morose, tant au niveau économique que social. L'individualisme bien installé, est traître puisque réclamant de correspondre aux codes édictés et surtout de respecter toutes les règles, de plus en plus nombreuses, nous ordonnant de faire ceci ou cela : manger 5 fruits et légumes par jour, ne pas dépasser d'un kilomètre heure la limite autorisée, penser comme ceci ou cela, tout est sujet à de multiples législations. Aussi les croyances communes, en chute libre depuis des années, atteignent des niveaux proches du néant, ou partent dans des extrêmes, sectarisme et manipulations au nom de telle ou telle religion. Quant à l'économie et la politique le fossé est depuis tellement profond avec la réalité que la population ne croit plus en un possible retour à une stabilité. Cela génère logiquement une absence de sécurité tant dans le système que dans ses semblables, favorisant l'instabilité présente dans la vie de chacun. Côté automobile, objectivement les voitures ne se différencient plus tellement, des équipements plus que nécessaires, des prix ne pouvant être véritablement abaissés, le low cost a pris sa place dans l'entrée de gamme cassant ce marché pour les constructeurs ne s'y étant pas déjà implantés.

Ainsi nous pouvons noter une perte de croyance des consommateurs sur le produit pur, et en parallèle, à la vue du contexte une recherche de partage et d'échange pour recréer un sentiment de stabilité, un besoin d'identité fort pour reconstituer ce que la société et sa volonté de clône a, par son excès, détruit.

Enfin les publicitaires insistent depuis quelques années sur le repositionnement de la voiture dans la vie de l'individu. Dans une mondialisation installée, le langage commun est celui de la marque. Les marques sont le nouveau code de société à l'instar de bon nombre des valeurs dictant l'identité des individus. Elles développent une puissance intense par un marquage identitaire fort avec tout le package des valeurs et de la communauté qu'elles créent de toutes pièces.

En cela nous pouvons voir une inversion de la lecture du marketing produit théorique, se rapprochant du marketing des services et spécifiquement du marketing du sport professionnel défini en premier lieu par les américains et les anglais. En effet dans le marketing produit nous partons du produit intrinsèque qui est le premier objet de la publicité pour ensuite vanter les attributs, typiquement les équipements, les options, et enfin nous vendre les services conséquents de ce produit. Si nous lisons le schéma dans l'autre sens et que nous partons des services et de ce qu'ils nous procurent pour finir sur le produit, nous faisons perdre de l'importance au produit pur.

C'est exactement ce qui est fait pour le marketing du sport professionnel sur des matchs, les transformant en spectacle, mais surtout comme moment de réunion d'amis, de personnes ayant un attraction commune, du marketing d'une équipe avec le merchandising qui en découle et surtout faire des stades des lieux de loisirs et de consommation dont le match devient davantage une date que l'élément clé du jour.

Le marketing était là pour vendre un produit répondant à un besoin, puis, une fois les besoins assouvis, créer le besoin pour commercialiser les produits, aujourd'hui le besoin ne serait-il pas celui de bien-être et de sécurité ? Nous le retrouvons dans les produits bien-être, instituts, livres, etc. Mais qu'en est-il pour l'automobile ? BMW et Peugeot sont parmi les plus cohérents. Depuis quelques années BMW se définit comme la joie au point que la signature de la marque surplombe la marque. La nouvelle identité de BMW est bien la joie, nous le retrouvons dans ses spots durant lesquels seule la joie a la parole, finissant par exemple par « *la joie a une adresse* » ou encore « *la joie est visionnaire* » imprimant bien profondément que BMW = La joie, créant dans notre cerveau un réflexe.

Peugeot qui opère une mutation de sa communication depuis 2010 avec « *Motion and Emotion* » amène ses voitures au plus profond de nos tripes. Avec le lancement de la 208 et « *let your body drive* » l'idée est bien de lâcher prise, nous réclamant d'être simplement la personne que nous sommes et de laisser notre instinct prendre un peu de le dessus sur notre raison. 2013, la campagne corporate avec le « *Design and Driving* » pose un nouveau décor, celui des sensations, du ressenti, lâcher l'emprise que nous cherchons à avoir sur nos émotions. Et cela continue sur l'ensemble des campagnes (208, 208 Pinocchio, 308, 308SW, 3008, 2008). Véritablement aujourd'hui la publicité automobile sert à nous vendre l'effet du produit, ce lieu de bien-être, ce lieu où nous sommes nous-mêmes, avec notre vraie personnalité, celle qui est dépourvue de tous les conflits intérieurs, des angoisses, du manque d'assurance qui nous accompagne dans notre quotidien, dans cette voiture, ces voitures, nous ne subissons plus les codes que nous impose la société mais nous dictons nous-mêmes notre conduite, en respectant nos émotions au lieu de les camoufler.

Cette voiture est un service durable de lieu de bien-être, stable, présent, sans jugements, un lieu de joie, de bonheur, d'aventure, avec une communauté que nous créons, un partage simple avec nos proches, un lieu de vie ; l'endroit qui réunit ce que la société ne vous apporte pas, celui qui vous permet de vivre comme vous le voulez.

Par curiosité regardons les films presses Peugeot 308, 308SW et 108. 308 laisse place aux sensations les plus profondes, l'instinct animal sur une musique rendue cohérente par son incohérence. Quant à 308 SW et 108 les musiques originales viennent définir ce qui est à l'écran, et nous savons bien que la musique comme l'art est le moyen d'expression des sentiments ?

308 SW nous dit : « *I'm into you...down through...your every smile... this is where I can be myself... this is where you can be yourself...* » avec une énergie grandissante, simple, joyeuse, ensoleillée, avec pourtant une bonne partie du spot de nuit ou sous la pluie. Le tout se clôturant sur une image stable et courante n'enlevant en rien l'énergie, mais plutôt en la plaçant en chacun de nous, elle est en nous et nous habite, à nous de la libérer.

108 nous dit : « *I'm home when I look at you* » et surtout « *design your life* » nous restons maîtres de nos vies, du moins si nous le souhaitons, à nous de prendre les choses en main.

Certes ce sont les publicitaires qui nous exposent à ce message mais au fond n'est-ce pas le message dont nous avons tous besoin dans cette société où nous perdons pied ?

Table des matières

Bibliographie

Articles

• Christian Delporte, « La publicité a une histoire », Le Temps des médias, 2004/1 n° 2, p. 5-6. DOI : 10.3917/tdm.002.0005

• Claude Vielfaure. « Psychanalyse de la publicité automobile. » Communication et langages. N° 1, 1969. p. 107-117. DOI : 10.3406/colan.1969.3721

• Céline Cauvin, « Les femmes et l'automobile à la belle époque (1998-1922) », Mémoire Management des Evénements et des Loisirs Sportifs Université Paris X Nanterre,

• CNC – Direction des Etudes Statistiques et de la Prospective, Kantar Média, avril 2012, Baromètre du marché publicitaire, p. 5.

• Laurent Martin, 2004, La « mauvaise publicité » sens et contresens d'une censure, Le temps des médias, 2004/1 n° 2, p. 151-162. DOI : 10.3917/tdm.002.0151

• Pierre Eiglier, Janvier 2002, « Le service et sa servuction » W.P. n° 627, Centre d'études et de recherche sur les organisations et la gestion, Université de droit, d'économie et des sciences d'Aix Marseille, Institut d'administration des entreprises.

• Roland Barthes. « Rhétorique de l'image ». Communications, 4, 1964. p. 40-51.doi : 10.3406/comm.1964.1027

• Samuel Brunet, 2004, « Publicité automobile et communication publique en sécurité routière : un grand malentendu », Espaces et sociétés, 2004/3 n° 118, p. 43-61.

Livres

• Marc San, 1997, Le temps de l'éveil, Collection Anne retrouvée, 250 pages, Chapitre II.

• Marie Bénilde, 2007, On achète bien les cerveaux. La publicité et les médias, Raisons d'agir, 155 pages.

• Thierry Maillet, 2010, Le marketing et son histoire ou le mythe de Sisyphe réinventé, Agora, 384 pages.

Sites Web

• Blogautomobile.fr, http://blogautomobile.fr/#axzz2qpxiIrpAexpression.com/2012/05/consomacteur.html

• Catherine Heurtebise, Les tendances de la pub auto selon Kantar Média, 31/08/2010, E-Marketing, http://www.e-marketing.fr/Article-A-La-Une/Les-tendances-de-la-pub-auto-selon-Kantar-Media-1851.htm

• E-marketing.fr, automobile, http://www.e-marketing.fr/thematique/strategies-1001/automobile-10011/1

• Emilie Kovacs, Peugeot dévoile sa nouvelle campagne mondiale, E-marketing. fr, automobile, 20/08/2013, http://www.e-marketing.fr/Thematique/Communication-1005/Publicite-10024/Breves/Peugeot-devoile-sa-nouvelle-campagne-mondiale-53792.htm

• Expeert.com, Chérie, tu me prêtes ta voiture ? ; 02/2011, Expeert.com, http://expeert.com/fr/cars/blog/1781015-cherie-tu-me-pretes-ta-voiture

• Frédéric, Automotive-marketing.fr, le blog, l'avis du marketeur, depuis 2009, http://www.automotive-marketing.fr/7967/am-a-teste-un-comparateur-dassurances-autos

• Ionsbrandculture.com, Cas N° 6 : « VW think small » vu par Philippe Lentschener, CEO McCann Worldgroup France, http://www.ionisbrandculture.com/-vw-think-small--6

• Ionsbrandculture.com, Cas N° 3 : Apple « 1984 » vu par Frank Tapiro, Président fondateur d'Hémisphère droit, http://www.ionisbrandculture.com/apple-1984--3

• Julie Champagne, Publicité et automobile une histoire centenaire, Auto.lapresse.ca, 17/03/2012, http://auto.lapresse.ca/conseils/consommation/201203/16/01-4506355-publicite-et-automobile-une-histoire-centenaire.php

• Krishna Julieta Samayo Ramirez, CESEM-UDLA, Publicité, société et culture – chapitre 4 La publicité comme un élément d'étude, Catarina.udlap.mx, http://catarina.udlap.mx/u_dl_a/tales/documentos/lni/samayoa_r_kj/capitulo4.pdf

• Larousse.fr, Histoire de France édition 2005, Paris-Match, http://www.larousse.fr/archives/histoire_de_france/page/924

• Les ateliers du CCFA, L'automobile et la publicité : amour fou ou passion raisonnée ?, 6/11/2012, ccfa.fr, http://www.ccfa.fr/L-automobile-et-la-publicite-amour

• Observatoiredelapublicité.fr, 4/05/2012, Publicité automobile : quelles perceptions des consommateurs de l'argument écologique, http://observatoiredelapublicite.fr/2012/05/04/publicite-automobile-quelles-perceptions-des-consommateurs-de-largument-ecologique/

• Olivier, 3/05/2009, Les Français et la voiture : les années 80 et 90, Délits d'opinion, http://www.delitsdopinion.com/1analyses/les-francais-et-la-voiture-12-les-annees-80-et-90-907/

• Renault.tv, Five decades of design, http://fr.renault.tv/magazine/art-et-design/five-decades-of-design/

• Renault-5.net, http://www.renault-5.net/publicite.htm

• Sécurité-routière.gouv.fr, 40 ans de sécurité routière, http://securite-routiere.gouv.fr/la-securite-routiere/40-ans-de-la-securite-routiere

• Stratégies.fr, Publicité automobile, 16/09/2004, http://www.strategies.fr/etudes-tendances/dossiers/r34205/publicite-automobile.html

Sons

• Soundcloud.com, Design moi un son : le secteur automobile, https://soundcloud.com/design-moi-un-son/chronique-design-moi-un-son-le-secteur-automobile

• Vidéos

• Alain Moreau, Program 33, Ina 2008, Nos années 60, les mythologiques, INA.

• Alain Moreau, Program 33, Ina 2008, Nos années 70, les insouciantes, INA.

• Alain Moreau, Program 33, Ina 2009, Nos années 80, les cabossées, INA.

• Alain Moreau, Program 33, Ina 2010, Nos années 90, les tempétueuses, INA

Spots publicitaires

Alfa Romeo

• Alfa Romeo Giulietta, 2010, Youtube.com, http://www.youtube.com/watch?v=NYpN6vNHlFc

• Alfa Romeo Giulietta « Aime moi », 2012, Youtube.com, http://www.youtube.com/watch?v=yvhMMNQ59YQ

Audi

• Audi « Les hommes ont une âme », 1993, Culturepub.fr, http://www.culturepub.fr/videos/audi-les-hommes-ont-une-ame

• Audi A4 « Le journal », 1995, Culturepub.fr, http://www.culturepub.fr/videos/audi-a4-le-journal

• Audi « Les anneaux », 2003, Culturepub.fr, http://www.culturepub.fr/videos/audi-ciavena-import-car-keys

• Audi A3 Sportback, 2013, Youtube.com, http://www.youtube.com/watch?v=WHKg0-ty-ug

• Audi A1 Urban Sport, 2013, Youtube.com, http://www.youtube.com/watch?v=Wf4OZH7Phxc

BMW

• BMW « l'intelligence automobile », 1983, INA.fr, http://www.ina.fr/playlist-audio-video/304849 spot n° 1

• BMW « qu'êtes-vous en droits d'attendre aujourd'hui d'un constructeur automobile », 1987, INA.fr, http://www.ina.fr/playlist-audio-video/304849 spot n° 2

• BMW « Le sein », 1994, Culturepub.fr, http://www.culturepub.fr/videos/bmw-air-bag-le-sein

• BMW « la sonorité BMW », 1995, INA.fr, http://www.ina.fr/playlist-audio-video/304849 spot n° 8

• BMW « Efficient Dynamics, nous créons de la joie », 2009, Youtube.com, http://www.youtube.com/watch?v=3tlqZ5SXY1Y

• BMW « La joie est visionnaire », 2010, Youtube.com, http://www.youtube.com/watch?v=3KHI03J1Pdo

Citroën

- Citroën 2 CV « Par monts et par vaux », 1968, Culturepub.fr, http://www.culturepub.fr/videos/citroen-2-cv-par-monts-et-par-vaux

- Citroën GSx « être soi-même », 1974, Culturepub.fr, http://www.culturepub.fr/videos/citroen-gsx-etre-soi-meme

- Citroën Visa le blanc, 1978, Culturepub.fr, http://www.culturepub.fr/videos/citroen-visa-decor-blanc

- Citroën CX2 Grace Jones, 1985, Culturepub.fr, http://www.culturepub.fr/videos/citroen-cx-2-grace-jones

- Citroën Visa GTi, 1985, Culturepub.fr, http://www.culturepub.fr/videos/citroen-visa-gti-le-porte-avion-clemenceau

- Citroën BX GTi, 1986, INA.fr, http://www.ina.fr/video/PUB3784066106

- Citroën Xantia « les imprévus », 1994, Culturepub.fr, http://www.culturepub.fr/videos/citroen-xantia-les-imprevus

- Citroën DS3 « Marylin Monroe », 2010, Youtube.com, http://www.youtube.com/watch?v=gvXewOmjhMA

- Citroën DS3 « John Lennon », 2010, Youtube.com, http://www.youtube.com/watch?v=QnEcG9CRhMQ

- Citroën DS3 « Alfred Hitchcock, série noir mat », 2011, Youtube.com, http://www.youtube.com/watch?v=Fj5XAhCOA64

- Citroën DS4 tesaer « Non », 2011, Youtube.com, http://www.youtube.com/watch?v=5rJrKkAyPFA

- Citroën DS4 « Non au conformise », 2011, Youtube.com, http://www.youtube.com/watch?v=a6Mvms_n8EU

- Citroën DS3 « Hitch-Pop », 2011, Youtube.com, http://www.youtube.com/watch?v=WShZNYPRnk8

- Citroën DS3 « Twins : ultra personnalisable », 2011, Youtube.com, http://www.youtube.com/watch?v=sht9EJ05x0Y

- Citroën DS3 cabrio « Yves Saint-Laurent – anti-uniforme », 2013, Youtube.com, http://www.youtube.com/watch?v=f0UxxsBAHpY

Dacia

- Dacia Logan « Le compteur », 2008, Culturepub.fr, http://www.culturepub.fr/videos/dacia-logan-compteur

- Dacia Lodgy « AmStramGram », Youtube.com, http://www.youtube.com/watch?v=nhiW-CKaPu4

- Dacia « Lifeproof », Youtube.com, http://www.youtube.com/watch?v=wMKHfgGGtjk

- Dacia Sandero, Youtube.com, http://www.youtube.com/watch?v=VCbrgteXhNw

- Dacia Logan Mcv « Machine à laver », 2008, Culturepub.fr, http://www.culturepub.fr/videos/dacia-logan-mcv-machine-a-laver

- Dacia Duster « Scandaleusement accessible », 2012, Youtube.com, http://www.youtube.com/watch?v=BYLTfcDMO0M

Fiat

- Fiat 500 « Pot de yaourt », 2012, Youtube.com, http://www.youtube.com/watch?v=bnBiog1Ps4s

- Fiat 500 « Auto/Portrait », 2013, Youtube.com, http://www.youtube.com/watch?v=WydSMYfFW1U

- Fiat 500L, 2013, Youtube.com, http://www.youtube.com/watch?v=jhZuZldVjp8

Peugeot

- Peugeot 104 Z « Zig Zag », 1980, INA.fr, http://www.ina.fr/video/PUB3503171054/peugeot-peugeot-104-z-video.html

- Peugeot 205 « Branché ! », 1984, Culturepub.fr, http://www.culturepub.fr/videos/peugeot-205-x-branchee

- Peugeot 205 « La garce », 1986, Culturepub.fr, http://www.culturepub.fr/videos/peugeot-205-la-garce

- Peugeot 205 Junior, 1989, Youtube.com, http://www.youtube.com/watch?v=l_HxlEfMvao

- Peugeot 205 GTi « Le bombardier », 1989, Culturepub.fr, http://www.culturepub.fr/videos/peugeot-205-gti-le-bombardier

- Peugeot 306 S16 « L'espionnage », 1994, Culturepub.fr, http://www.culturepub.fr/videos/peugeot-306-s16-espionnage

- Peugeot 106 « Stand de tir », 1994, Culturepub.fr, http://www.culturepub.fr/videos/peugeot-106-stand-de-tir

• Peugeot 806 « Le cauchemar », 1995, Culturepub.fr, http://www.culturepub.fr/videos/peugeot-806-le-cauchemar

• Peugeot 806 « Le masque au concombre », 1995, Culturepub.fr, http://www.culturepub.fr/videos/peugeot-806-masque-au-concombre

• Peugeot 406 « Le baiser de l'Hôtel de ville », 1999, Culturepub.fr, http://www.culturepub.fr/videos/peugeot-406-le-baiser-de-l-hotel-de-ville

• Peugeot RCZ « Monsieur Monsieur », 2010, Youtube.com, http://www.youtube.com/watch?v=s7FzYPDsEfE

• Peugeot 208 « Let your body drive », 2012, Youtube.com, http://www.youtube.com/watch?v=Y5K6U3Cz2jE

• Peugeot « Design and Driving », 2013, Youtube.com, http://www.youtube.com/watch?v=EJpAh8fxXFQ

• Peugeot 308, 2013, Youtube.com, http://www.youtube.com/watch?v=Yp4fVQmMAfk

• Peugeot 208 « Pinocchio » 2013, Youtube.com, http://www.youtube.com/watch?v=sBco44M5U0Q

• Peugeot 208 « Nouvelles sensations », 2014, Youtube.com, http://www.youtube.com/watch?v=PSTShvag67I

• Peugeot 308, film presse 2014, Youtube.com, http://www.youtube.com/watch?v=S92F1Bl_aEQ

• Peugeot 308 SW, film presse 2014, Youtube.com, http://www.youtube.com/watch?v=56HZL3Xw3xA

• Peugeot 108, film presse 2014, Youtube.com, http://www.youtube.com/watch?v=4D-v9HNrJQc

Renault

• Renault 4 CV « La Bonne Solution » 1954, Culturepub.fr, http://www.culturepub.fr/videos/renault-4-cv-la-bonne-solution

• Renault 4 CV « ma 4 CV », 1955, Culturepub.fr, http://www.culturepub.fr/videos/renault-4-cv-ma-4-cv

• Renault Domaine « La voiture à Papa », 1955, Culturepub.fr, http://www.culturepub.fr/videos/renault-la-domaine-la-voiture-a-papa

• Renault R8 « D'accord », 1963, Culturepub.fr, http://www.culturepub.fr/videos/renault-r8-d-accord

• Renault R6 « Une R6, t'es pas fou, non ? », 1965, Culturepub.fr, http://www.culturepub.fr/videos/renault-r6-une-r6-t-es-pas-fou-non

• Renault R6 « PiéPlu et Prévost chez le coiffeur », 1969, Culturepub.fr, http://www.culturepub.fr/videos/renault-r6-pieplu-et-prevost-chez-coiffeur

• Renault 16 TS « Les équipements », 1966, Culturepub.fr, http://www.culturepub.fr/videos/renault-r16-ts-equipements

• Renault R5 « Les aventures de Supercar », 1972, Renault-5.net, http://www.renault-5.net/publicite.htm

• Renault R14 « La poire », 1976, dailymotion.com, http://www.dailymotion.com/video/x5cqo6_publicite-renault-14-la-voiture-poi_auto

• Renault R5, 1978, Renault-5.net, http://www.renault-5.net/publicite.htm

• Renault R5, 1979, Renault-5.net, http://www.renault-5.net/publicite.htm

• Renault R5 « Ma Renault 5 est une sorcière », 1981, Renault-5.net, http://www.renault-5.net/publicite.htm

• Renault R21 « les chasseurs de liberté », 1988, Vidéo-auto.com, http://www.video-auto.com/pub-r21-dediee-aux-chasseurs-de-liberte.html

• Renault Clio « l'Émir », 1992, Culturepub.fr, http://www.culturepub.fr/videos/renault-clio-l-emir

• Renault Espace « La première fois », 1993, Culturepub.fr, http://www.culturepub.fr/videos/renault-espace-la-premiere-fois

• Renault Twingo « Nouvelles valeurs », 1993, Culturepub.fr, http://www.culturepub.fr/videos/renault-twingo-nouvelles-valeurs

• Renault Twingo « Les vendeurs », 1993, Culturepub.fr, http://www.culturepub.fr/videos/renault-twingo-les-vendeurs

• Renault Kangoo « Les époques », 1997, Culturepub.fr, http://www.culturepub.fr/videos/renault-les-epoques

• Renault Twingo 2 « Drag queen », 2008, Youtube.com, http://www.youtube.com/watch?v=cPYJndo3VaI

• Renault Twingo 2 « Mère et fille », 2008, Youtube.com, http://www.youtube.com/watch?v=SJqIGlj3PbE

• Renault Twingo 2 « Le grand jour », 2008, Youtube.com, http://www.youtube.com/watch?v=V0hGM7lh934

Seat

• Seat Ibiza « Lara Croft en retard », 1998, Culturepub.fr, http://www.culturepub.fr/videos/seat-ibiza-lara-croft-en-retard

• Seat Ibiza « Les rituels », 2007, Youtube.com, http://www.youtube.com/watch?v=BjVl7jk74VI

• Seat Léon « Laissez-vous posséder », 2008, Youtube.com, http://www.youtube.com/watch?v=helCb9GZMDg

Volkswagen

• Campagne Think Small Volkswagen, 1959, Pubenstock.com, http://www.pubenstock.com/2012/think-small/

• Volkswagen Golf « Le fœtus », 1990, Culturepub.fr, http://www.culturepub.fr/videos/volkswagen-golf-le-foetus

• Volkswagen Golf « L'anniversaire », 1994, Culturepub.fr, http://www.culturepub.fr/videos/volkswagen-golf-l-anniversaire

• Volkswagen Golf cabriolet « La manifestation », 1996, Culturepub.fr, http://www.culturepub.fr/videos/volkswagen-golf-cabriolet-la-manifestation

• Volkswagen Golf GTi « Les panneaux », 1996, Culturepub.fr, http://www.culturepub.fr/videos/volkswagen-golf-tdi-les-panneaux

• Volkswagen Sharan « Les motards », 1998, Culturepub.fr, http://www.culturepub.fr/videos/volkswagen-sharan-les-motards

• Volkswagen Sharan « Training session », 1999, Culturepub.fr, http://www.culturepub.fr/videos/volkswagen-sharan-training-session

• Volkswagen Sharan « Plus envie », 1997, Culturepub.fr, http://www.culturepub.fr/videos/volkswagen-sharan-plus-envie

• Volkswagen Golf « La galerie d'art », 1999, Culturepub.fr, http://www.culturepub.fr/videos/volkswagen-golf-la-galerie-d-art-45